論語

논어 Ⅰ
따라쓰기

論語

논어 Ⅰ
따라쓰기

공자 원저
시사정보연구원 지음

손으로 쓰면서 마음에 새기는 인생 교과서
論語 논어I 따라쓰기

초판 발행   2016년 11월 25일

원저자   공자
지은이   시사정보연구원
발행인   권윤삼
발행처   도서출판 산수야

등록번호   제1-1515호
주소   서울시 마포구 월드컵로 165-4
우편번호   121-826
전화   02-332-9655
팩스   02-335-0674

ISBN 978-89-8097-395-8   14190
     978-89-8097-394-1   (전2권)

값은 뒤표지에 있습니다. 잘못된 책은 바꾸어 드립니다.

이 책의 모든 법적 권리는 도서출판 산수야에 있습니다.
저작권법에 의해 보호받는 저작물이므로
본사의 허락 없이 무단 전재, 복제, 전자출판 등을 금합니다.

머리말 ★

유가의 입문서이자 경전 중의 경전으로 일컫는
인생 교과서『논어』

『논어(論語)』는 공자와 그 제자들의 언행이 담긴 어록이다. 유가의 입문서이자 경전 중의 경전이라 일컬어지는 논어는 공자의 제자들에 의해 세상에 나온 이후부터 오늘날에 이르기까지 사람들이 애독하고 애장하는 책으로 존재하고 있다.

공자는 어려서 밑바닥 삶을 겪으면서 성장하였기 때문에 일찍이 세상을 보는 지혜와 통찰력을 키울 수 있었다. 15세에 학문에 뜻을 두어 부지런히 이치를 탐구하고 실천에 힘써 20대에 이미 그 이름을 떨쳐 제자들이 따르게 되었으며, 위대한 성인으로 추앙받게 되었다.

인(仁)의 실천에 바탕을 둔 개인적 인격의 완성과 예(禮)로 표현되는 사회질서의 확립을 강조한 공자는 도덕적 이상국가를 건설하려 하였다. 이처럼 철저한 현실주의를 바탕으로 한 공자의 사상은 실천을 전제로 한 도덕이 핵심을 이루고 있다. 공자는 현실정치를 원했지만 제후들의 선택을 받지 못해 늘 고독했고, 좌절을 맛보면서 지냈다. 정치세계에서 자신을 알아주지 않아도 공자는 굴하지 않았다. 옛 문헌들을 보면서 미래를 인지하고 제자들과 대화를 나누면서 자신의 세계를 설파하였던 것이다. 때로는 날카롭고, 때로는 격려하고, 때로는 자상하면서 한없이 소탈한 스승의 모습으로 제자들의 한마디 한마디에 귀를 기울였다.

『사서오경(四書五經)』 중 첫 번째 책으로 꼽히는 『논어(論語)』는 '배움'으로 시작해서 인이라는 주제를 논하고 있다. 『논어』는 매 편마다 첫 장의 처음 두 글자를 따서 편명으로 삼았다. 제1편 첫 구절이 '학이시습지(學而時習之)'이므로 「학이(學而)」를 편명으로 삼은 것이다. 총 20편으로 구성되어 있는 『논어』는 특히 제1편이 널리 알려져 있다.

이 책은 논어의 주옥같은 명언들을 손으로 쓰면서 마음에 새길 수 있도록 따라쓰기 교재로 만들었기 때문에 쓰면서 외우고, 악필도 교정하는 일석이조의 효과를 얻을 수 있다. 손은 우리의 뇌와 밀접하게 연결되어 있다. 우리가 손으로 글씨를 쓰면 뇌를 자극하여 뇌 발달과 뇌 건강에 도움을 준다는 연구결과가 증명하듯 손글씨는 어린이와 어른을 아울러 주목받고 있는 분야이기도 하다. 글씨는 자신을 드러내는 거울이며 향기라고 성현들이 말했듯이 정성을 들여서 자신만의 필체를 갖도록 노력하는 것도 좋을 것이다.

따라쓰기는 학습 효율을 높이는 방법으로도 각광받고 있다. 이 책은 학습 효율을 높이는 데 적합하도록 다양한 요소들을 배치하였다. 먼저 한자 원문을 읽은 후 한글 풀이를 학습하고, 한글 내용을 보면서 원문도 기억하며 학습한다. 이렇게 실천한 후 따라쓰기를 하도록 만들어 놓은 칸을 활용하여 원문과 한글을 손으로 적으면서 익힌다면 논어가 품고 있는 깊은 울림들을 수월하게 내 것으로 만들 수 있을 것이다.

진시황의 분서갱유로 고난을 당하기도 했지만 시대를 초월하여 널리 사랑받고 있는 논어를 손으로 쓰면서 마음으로 익히는 경험을 독자에게 전하게 되어 기쁘다.

차례 ★

머리말 ················· 5

제1편 학이學而 ············· 8

제2편 위정爲政 ············· 19

제3편 팔일八佾 ············· 32

제4편 이인里仁 ············· 47

제5편 공야장公冶長 ········ 58

제6편 옹야雍也 ············· 76

제7편 술이述而 ············· 92

제8편 태백泰伯 ············· 111

제9편 자한子罕 ············· 122

제10편 향당鄕黨 ············ 138

제1편

學而
학이

子曰 學而時習之면 不亦說乎아
자왈 학이시습지 불역열호
有朋이 自遠方來면 不亦樂乎아
유붕 자원방래 불역락호
人不知而不慍이면 不亦君子乎아
인부지이불온 불역군자호

공자께서 말씀하셨다.
"배우고 때때로 이를 익히면 또한 기쁘지 아니한가. 벗이 있어 먼 곳으로부터 찾아오면 또한 즐겁지 아니한가. 남들이 알아주지 않아도 화내지 않으면 또한 군자가 아니겠는가."

有子曰 其爲人也孝弟요
유자왈 기위인야효제

而好犯上者鮮矣니 不好犯上이요
이호범상자선의 불호범상

而好作亂者는 未之有也니라 君子는 務本이니
이호작란자 미지유야 군자 무본

本立而道生하나니
본립이도생

孝弟也者는 其爲仁之本與인저
효제야자 기위인지본여

유자가 말하였다.
"그 사람됨이 효성스럽고 공손하면서 윗사람에게 대들기를 좋아하는 자는 드물고, 윗사람에게 대들기를 좋아하지 않으면서 분란을 일으키는 것을 좋아하는 자는 여태껏 보지 못했다. 군자는 근본을 세우고자 힘쓰니 근본이 서야 도가 생긴다. 효도와 공경은 인의 근본이다."

子曰 巧言令色이 鮮矣仁이니라
자왈 교언영색 선의인

공자께서 말씀하셨다.
"아첨하는 말과 거짓으로 낯빛을 선한 척하는 사람 중에는 어진 사람이 드물다."

曾子曰 吾日三省吾身하노니
증자왈 오일삼성오신

爲人謀而不忠乎아
위인모이불충호

與朋友交而不信乎아 傳不習乎아
여붕우교이불신호 전불습호

증자가 말하였다.
"나는 날마다 세 가지 일로 자신을 반성한다. 남을 위해서 일을 하는데 정성을 다하였는가? 친구를 사귀는데 신의를 다하였는가? 스승에게 배운 것을 익혀서 실천하였는가?"

子曰 道千乘之國하되 敬事而信하며
자왈 도천승지국   경사이신
節用而愛人하며 使民以時니라
절용이애인   사민이시

공자께서 말씀하셨다.
"천승의 나라를 다스리는 데는 맡은 일을 삼가 행하고, 백성들에게 믿음을 얻으며, 재물을 절약하고 인재를 아껴야 하며, 백성을 부릴 때에는 적절한 시기를 가려야 한다."

子曰 弟子入則孝하고 出則弟하며
자왈 제자입즉효   출즉제
謹而信하며 汎愛眾하되 而親仁이니
근이신   범애중   이친인
行有餘力이어든 則而學文이니라
행유여력   즉이학문

공자께서 말씀하셨다.
"배우는 젊은이는 집에 오면 부모에게 효도하고 밖에서는 어른들에게 공손하며, 언행을 성실하고 미덥게 해야 하며 널리 사람들을 사랑하되 특히 어진 사람들과 가까이 지내야 한다. 이렇게 하고도 남은 힘이 있으면 글을 배워야 한다."

子夏曰 賢賢하되 易色하며
자하왈 현현   역색

事父母하되 能竭其力하며
사부모   능갈기력

事君하되 能致其身하며
사군   능치기신

與朋友交하매 言而有信이면
여붕우교   언이유신

雖曰未學이라도 吾必謂之學矣라 하니라
수왈미학   오필위지학의

자하가 말하였다.
"어진 사람을 어질게 대하며 색을 경시하고, 부모를 섬길 때 온 힘을 다하며, 임금을 섬길 때 자신의 몸을 바칠 줄 알며, 벗을 사귈 때 언행에 믿음이 있다면, 비록 배운 게 없다 할지라도 나는 반드시 그를 배운 사람이라 할 것이다."

子曰 君子不重則不威니 學則不固니라
자왈 군자부중즉불위 학즉불고
主忠信하며 無友不如己者요 過則勿憚改니라
주충신 무우불여기자 과즉물탄개

공자께서 말씀하셨다.
"군자가 신중하지 않으면 위엄이 없고 학문을 배워도 견고하지 못하다. 충성과 신의를 지키며, 자기보다 못한 자를 친구로 삼지 말며, 허물이 있으면 망설이지 말고 즉시 고쳐라."

曾子曰 愼終追遠이면
증자왈 신종추원
民德이 歸厚矣리라
민덕 귀후의

증자가 말하였다.
"부모의 장례를 신중하게 치르고 제사를 지낼 때 정성을 다하면, 백성들의 덕이 두터워질 것이다."

子禽問於子貢曰 夫子이
자금문어자공왈 부자

至於是邦也하사 必聞其政하시나니
지어시방야 필문기정

求之與아 抑與之與아
구지여 억여지여

子貢曰 夫子는 溫良恭儉讓以得之시니
자공왈 부자 온량공검양이득지

夫子之求之也는 其諸異乎人之求之與인저
부자지구지야 기제이호인지구지여

자금이 자공에게 물었다.
"선생님께서는 이 나라에 이르시어 반드시 국정에 관해 들으시니 그것은 선생님께서 먼저 요청하신 것입니까, 아니면 그 나라 임금이 자진해서 말하는 것입니까?"
자공이 말하였다.
"선생님께서는 온화, 선량, 엄숙, 검박, 겸양으로 그것을 얻으신 것이니 선생님께서 구하시는 것은 다른 사람들이 구하는 것과 다르다."

子曰 父在에 觀其志요 父沒에 觀其行이나
자왈 부재   관기지   부몰   관기행

三年을 無改於父之道라야 可謂孝矣니라
삼년   무개어부지도   가위효의

공자께서 말씀하셨다.
"아버지가 살아계시면 그 뜻을 살펴야 하고, 돌아가시면 생존 시의 행적을 살펴 3년 동안 아버지가 행했던 일을 고치지 않아야 비로소 효라 할 수 있다."

有子曰 禮之用이 和爲貴하니
유자왈 예지용   화위귀

先王之道斯爲美니라
선왕지도사위미

小大由之이나 有所不行하니
소대유지   유소불행

知和而和요 不以禮節之면 亦不可行也니라
지화이화   불이예절지   역불가행야

유자가 말하였다.
"예를 행하는 데는 조화를 이루는 것이 중요하니 선왕들의 도가 이처럼 아름답고 좋았다. 작은 일이나 큰일에 모두 조화를 따라 행했다. 행하지 말아야 할 것은 단지 조화의 중요함만 알고 예로써 절제하지 않는다면 이것은 행하지 말아야 한다."

有子曰 信近於義면 言可復也며
유자왈 신근어의 언가복야

恭近於禮면 遠恥辱也며
공근어례 원치욕야

因不失其親이면 亦可宗也니라
인불실기친 역가종야

유자가 말하였다.
"믿음이 의로움에 가깝다면 말을 실천할 수 있으며, 공손이 예에 가까우면 치욕스런 일은 멀리 할 수 있다. 남에게 의지하되 친함을 잃지 않는 사람이라야 존경하고 섬길 수 있다."

子曰 君子食無求飽하며 居無求安하며
자왈 군자식무구포 거무구안

敏於事而愼於言이오
민어사이신어언

就有道而正焉이면 可謂好學也已니라
취유도이정언 가위호학야이

공자께서 말씀하셨다.
"군자는 배불리 먹기를 구하지 않고, 편히 살기를 구하지 않고, 일을 민첩하게 하고 말을 신중히 하며 도를 좇아 바르게 하면 배우는 것을 좋아하는 사람이라 말할 수 있다."

子貢曰 貧而無諂하며
자공왈 빈이무첨
富而無驕하되 何如하니잇고
부이무교   하여
子曰 可也나 未若貧而樂하며
자왈 가야 미약빈이락
富而好禮者也니라
부이호례자야

자공이 말하였다.
"가난하면서도 남에게 아첨하지 않고 부유하면서도 교만하지 않으면 어떻겠습니까?"
공자께서 말씀하셨다.
"그 정도면 괜찮다. 그러나 가난하면서도 즐거워하고, 부유하면서도 예를 좋아하는 사람만은 못하다."

子貢曰 詩云如切如磋하며 如琢如磨라 하니
자공왈 시운여절여차   여탁여마

其斯之謂與인저
기사지위여

子曰 賜也는 始可與言詩已矣로다
자왈 사야 시가여언시이의

告諸往而知來者온여
고제왕이지래자

자공이 말하였다.
"『시경』에 자른 듯하고 다듬은 듯하며 쪼고 가는 듯하다는 구절이 있는데 이 말을 두고 한 말입니까?"
공자가 말하였다.
"사야는 비로소 나와 함께 시를 논할 수 있구나. 지나간 것들을 일러주니 미래를 아는구나."

子曰 不患人不知己요 患不知人也니라
자왈 불환인부지기   환부지인야

공자께서 말씀하셨다.
"남들이 나를 알아주지 않음을 걱정하지 말고 내가 남을 제대로 알지 못함을 걱정하라."

제 2편

爲政
위정

子曰 爲政以德이 譬如北辰이
자왈 위정이덕　　비여북진
居其所이어든 而衆星共之니라
거기소　　　　이중성공지

공자께서 말씀하셨다.
"덕으로써 정치를 하는 것은 비유하자면, 북극성이 제자리에 있으되, 뭇 별들이 그것을 에워싸고 도는 것과 같다."

子曰 詩三百에 一言以蔽之하니
자왈 시삼백 일언이폐지
曰思無邪니라
왈 사 무 사

공자께서 말씀하셨다.
"『시경』에 삼백여 편의 시가 있지만, 한마디로 요약하면 생각함에 사특한 것이 없다는 것이다."

子曰 道之以政하고 齊之以刑이면
자왈 도지이정 제지이형
民免而無恥니라
민 면 이 무 치
道之以德하고 齊之以禮면
도 지 이 덕 제 지 이 례
有恥且格이니라
유 치 차 격

공자께서 말씀하셨다.
"법으로 백성을 이끌고, 형벌로 질서를 유지하려고 하면, 백성들은 죄를 모면하려고 할 뿐 염치를 모른다. 덕으로 이끌고 예로 다스리면 염치를 알고 또 바르게 된다."

子曰 吾十有五而志于學하고
자왈 오십유오이지우학

三十而立하고 四十而不惑하고
삼십이립   사십이불혹

五十而知天命하고 六十而耳順하고
오십이지천명   육십이이순

七十而從心所欲하여 不踰矩하라
칠십이종심소욕   불유구

공자께서 말씀하셨다.
"나는 열다섯 살에 학문에 뜻을 두었고, 서른 살에 스스로 섰고, 마흔 살에는 미혹되지 않았고, 쉰 살에는 하늘이 내게 주신 사명을 알았고, 예순 살에는 귀로 듣는 것을 모두 이해할 수 있게 되었고, 일흔 살에는 하고 싶은 대로 해도 법도에 어긋남이 없었다."

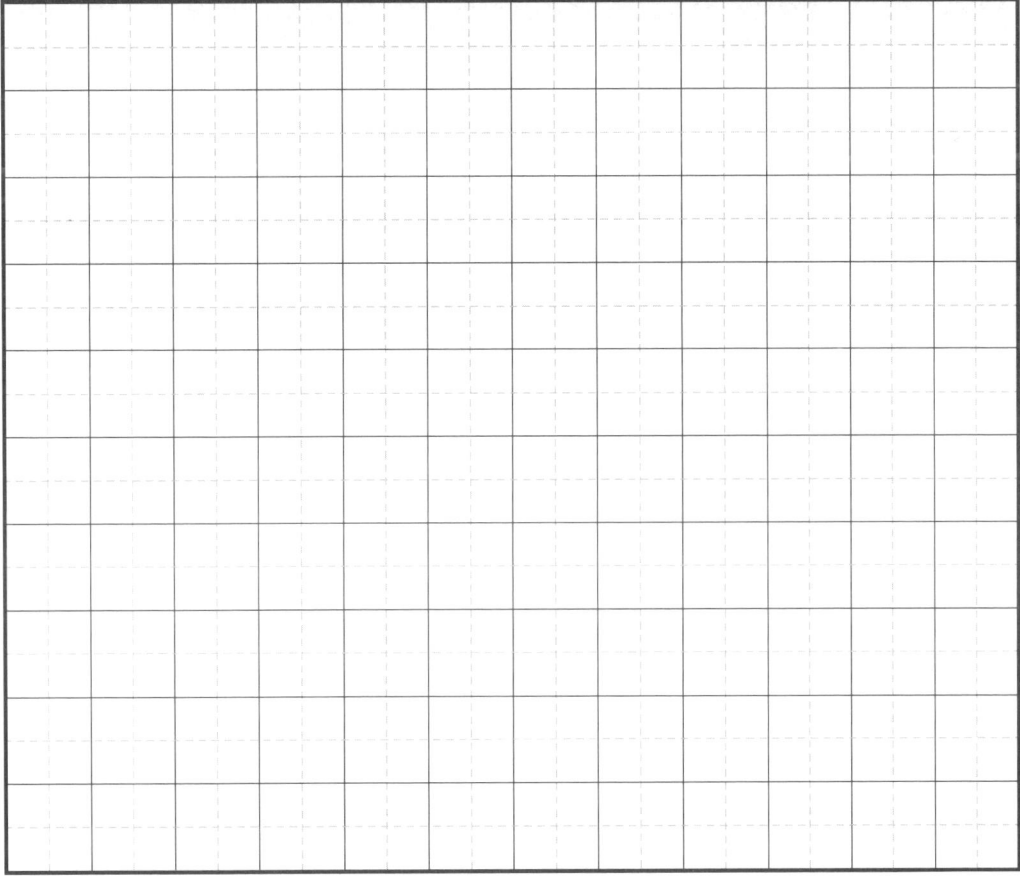

孟懿子問孝한대 子曰 無違니라 樊遲御러니
맹의자문효   자왈 무위   번지어

子告之曰
자고지왈

孟孫이 問孝於我어늘 我對曰 無違하라
맹손   문효어아   아대왈 무위

樊遲曰 何謂也잇고
번지왈 하위야

子曰 生事之以禮하며 死葬之以禮하며
자왈 생사지이례   사장지이례

祭之而禮니라
제지이례

맹의자가 효에 대해 묻자 공자께서 말씀하셨다.
"어긋나지 않도록 하는 게 좋다."
번지가 수레를 몰고 있을 때 공자께서 말씀하셨다.
"맹손이 나에게 효에 대해 묻기에 내가 어긋나지 않도록 하는 게 좋다고 대답해 주었다."
번지가 여쭈었다.
"그것은 무엇을 말씀하신 것입니까?"
공자께서 말씀하셨다.
"부모가 살아계실 때는 예로써 섬기고, 돌아가셨을 때는 예로써 장례를 치르고, 제사도 예로써 모셔야 한다는 것이다."

孟武伯問孝한대
맹무백문효
子曰 父母는 唯其疾之憂시니라
자왈 부모 유기질지우

맹무백이 효에 대해서 묻자 공자께서 말씀하셨다.
"부모는 언제나 자식이 병들까 걱정한다."

子游問孝한대 子曰 今之孝者는 是謂能養이니
자유문효 자왈 금지효자 시위능양
至於犬馬하여도 皆能有養이니라
지어견마 개능유양
不敬이면 何以別乎이오
불경 하이별호

자유가 효에 대해서 묻자 공자께서 말씀하셨다.
"요즘에는 효를 단지 물질적으로 봉양하는 것으로 생각하지만, 개나 말도 모두 잘 먹여 기를 수 있으니 부모를 존경하지 않는다면 무엇이 다르겠는가?"

子夏問孝한대 子曰 色難이니
자하문효   자왈 색난

有事弟子服其勞하고
유사제자복기로

有酒食先生饌을 曾是以爲孝乎아
유주사선생찬   증시이위효호

자하가 효에 대해서 묻자 공자께서 말씀하셨다.
"근심이 있을 때 부모 앞에서 자식이 낯빛을 온화하게 하는 것은 어려운 일이다. 일이 있으면 자식이 그 수고로움을 대신하고, 술이나 음식이 생기면 부모가 먼저 드시게 하는 것만으로 일찍이 효도를 다했다고 할 수 있겠는가?"

子曰 吾與回言終日하나
자왈 오여회언종일

不違如愚러니 退而省其私한대
불위여우   퇴이성기사

赤足以發하나니 回也不愚도다
적족이발   회야불우

공자께서 말씀하셨다.
"내가 안회와 함께 하루 종일 이야기를 해도 그는 마치 어리석은 사람처럼 묵묵히 듣고만 있을 뿐이다. 그런데 그가 물러간 뒤, 그의 생활을 보니 역시 내 뜻을 충분히 실천하고 있었다. 안회는 어리석은 사람이 아니다."

子曰 視其所以하여 觀其所由하며
자왈 시기소이 관기소유
察其所安이면 人焉廋哉리오 人焉廋哉리오
찰기소안 인언유재 인언유재

공자께서 말씀하셨다.
"그 사람이 하는 행동을 보고, 그 이유와 추구하는 바를 보며, 편안하게 여기는 바를 전체적으로 보면, 어찌 사람 됨됨이를 숨길 수 있겠는가, 어찌 사람 됨됨이를 숨길 수 있겠는가!"

子曰 溫故而知新이면 可以爲師矣니라
자왈 온고이지신 가이위사의

공자께서 말씀하셨다.
"옛것을 익히고 새로운 것을 알면, 능히 스승이 될 수 있다."

子曰 君子는 不器니라
자왈 군자 불기

공자께서 말씀하셨다.
"군자는 용도가 한정된 그릇이 아니다."

子貢이 問君子한대 子曰 先行其言이요
자공 문군자   자왈 선행기언

而後從之니라
이후종지

자공이 군자에 대해서 묻자 공자께서 말씀하셨다.
"말하고자 하는 바를 먼저 실천하고, 그 후에 말이 따라가야 한다."

子曰 君子는 周而不比하고 小人은 比而不周니라
자왈 군자   주이불비   소인   비이부주

공자께서 말씀하셨다.
"군자는 두루 통하므로 한편에 치우치지 않고, 소인은 한편에 치우치므로 두루 통하지 못한다."

子曰 學而不思則罔하고 思而不學則殆니라
자왈 학이불사즉망   사이불학즉태

공자께서 말씀하셨다.
"배우기만 하고 생각하지 아니하면 아는 것이 없고, 생각만 하되 배우지 아니하면 위태롭다."

子曰 攻乎異端이면
자왈 공호이단

斯害也已니라
사해야이

공자께서 말씀하셨다.
"이단을 위해 힘을 쏟아 연구하면 해로울 뿐이다."

子曰 由야 誨女知之乎인저
자왈 유 회여지지호

知之爲知之요 不知爲不知이 是知也니라
지지위지지 부지위부지 시지야

공자께서 말씀하셨다.
"유야, 너에게 안다는 것이 무엇인가를 가르쳐줄까? 아는 것을 안다고 하고 모르는 것을 모른다고 하는 것이 바로 아는 것이다."

子張이 學干祿한대 子曰 多聞闕疑요
자장 학간록 자왈 다문궐의

愼言其餘면
신언기여

則寡尤이며 多見闕殆요
즉과우 다견궐태

愼行其餘則寡悔니
신행기여즉과회

言寡尤하며 行寡悔면 祿在其中矣니라
언과우 행과회 녹재기중의

자장이 벼슬을 얻는 방법을 배우려 하자 공자께서 말씀하셨다.
"많이 듣되 의아스러운 것은 제외하고 그 나머지를 신중히 말하면 허물이 적고, 많이 보되 미심쩍은 것은 제외하고 나머지만 신중히 행하면 후회하는 일이 적을 것이니 말에 허물이 적고, 행동에 후회가 적으면 벼슬은 그 가운데 있다."

哀公이 問曰 何爲則民服이니잇고
애공 문왈 하위즉민복

孔子對曰 擧直錯諸枉이면 則民服하고
공자대왈 거직조제왕 즉민복

擧枉錯諸直이면 則民不服이니이다
거왕조제직 즉민부복

애공이 물었다.
"어떻게 하면 백성들이 잘 따르겠습니까?"
공자께서 말씀하셨다.
"올바르고 곧은 사람을 등용시켜 그릇된 사람의 위에 쓰면 백성들이 따르고, 그릇된 사람을 등용하여 바르고 곧은 사람의 위에 쓰면 백성들은 따르지 않는다."

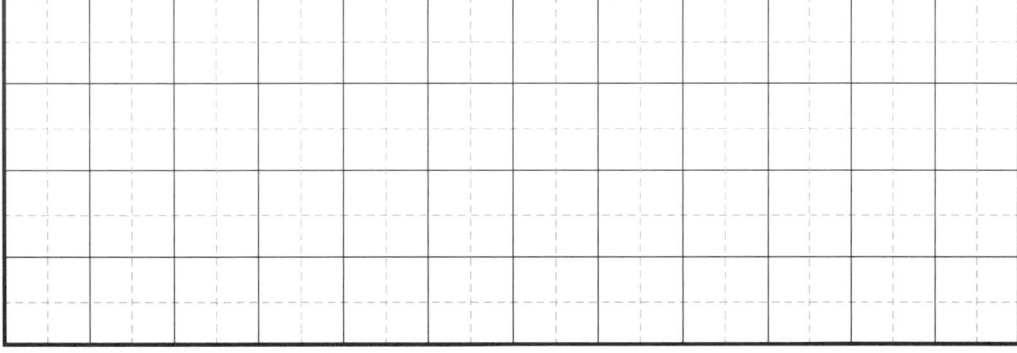

季康子問 使民敬忠以勸이면 如之何잇고
계강자문 사민경충이권   여지하
子曰 臨之以莊則敬하고 孝慈則忠하고
자왈 임지이장즉경   효자즉충
擧善而敎不能則勸이니라
거선이교불능즉권

계강자가 물었다.
"백성들이 윗사람을 공경하고 충성을 다하며 부지런히 일하도록 하려면 어떻게 해야 합니까?"
공자께서 말씀하셨다.
"백성을 대함에 위엄이 있으면 그들이 공경하게 되고, 효와 자애로운 태도를 보이면 그들이 충성스러워지며, 능력 있는 사람을 등용하여 무능한 사람을 가르치도록 하면 백성들도 저절로 선행을 힘쓰게 될 것이다."

或이 謂孔子曰 子奚不爲政이시니잇고
혹   위공자왈   자해불위정

子曰 書云孝乎인저 惟孝하며 友于兄弟하며
자왈 서운효호   유효   우우형제

施於有政이라
시어유정

是亦爲政이니 奚其爲爲政이리오
시역위정   해기위위정

어떤 사람이 공자에게 물었다.
"선생님은 어찌하여 정치에 관여하지 않으십니까?"
공자께서 말씀하셨다.
"『서경』에 이르기를, 어버이에게 효도하며 형제끼리는 우애 있게 지내면 이게 바로 정사를 베푸는 것이라 하였다. 그러므로 어찌 직접 정치를 하는 것만이 정치라 하겠는가."

子曰 人而無信이면 不知其可也라
자왈 인이무신   부지기가야

大車無輗하며 小車無軏이면
대거무예   소거무월

其何以行之哉리오
기하이행지재

공자께서 말씀하셨다.
"사람에게 신의가 없다면 어디에도 쓸모가 없다. 만약 큰 수레에 멍에가 없거나, 작은 수레에 멍에 갈고리가 없으면 무엇으로 그것을 끌고 가겠는가?"

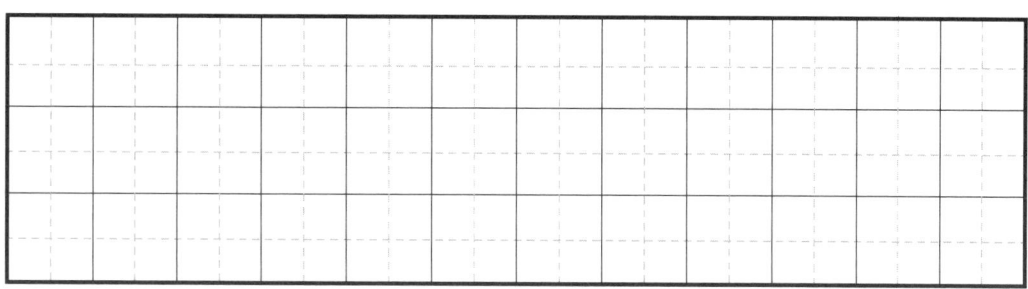

子曰 非其鬼而祭之이 諂也요
자왈 비기귀이제지 첨야

見義不爲이 無勇也라
견의불위 무용야

공자께서 말씀하셨다.
"제사를 지내야 할 귀신이 아닌 데도 제사를 지내는 것은 아첨하는 것이고, 의를 보고도 행하지 않는 것은 용기가 없는 것이다."

제3편

八佾
팔일

孔子謂季氏하시되 八佾로 舞於庭하니
공자위계씨 팔일 무어정

是可忍也면 孰不可忍也오
시가인야 숙불가인야

공자께서 계씨를 평하여 말씀하셨다.
"팔일무를 뜰에서 추게 하였는데, 이것을 허락할 수 있다면 이 세상에서 무슨 짓을 못할까?"

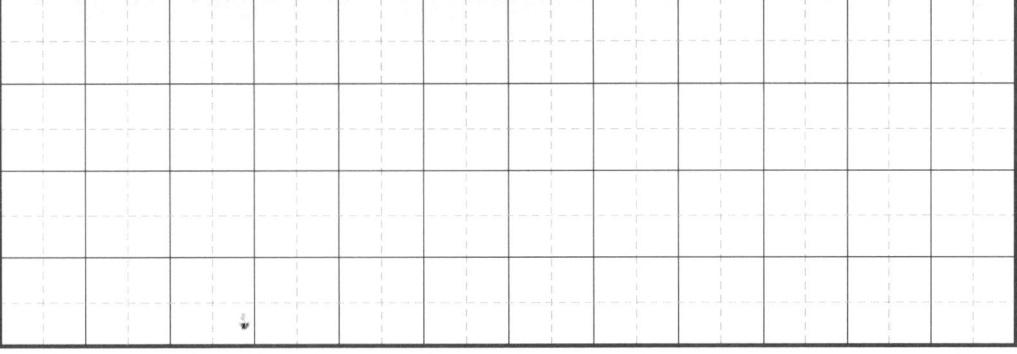

三家者以雍徹이러니 子曰 相維辟公이어늘
삼 가 자 이 옹 철   자 왈 상 유 벽 공
天子穆穆을 奚取於三家之堂인고
천 자 목 목   해 취 어 삼 가 지 당

세 집안에서 '옹'을 연주하며 제사를 지낸 후에 공자께서 말씀하셨다.
"제후는 제사를 돕고 천자는 위엄을 갖추고 계시네라는 노래를 어찌 세 집안의 사당에서 쓴다는 말인가."

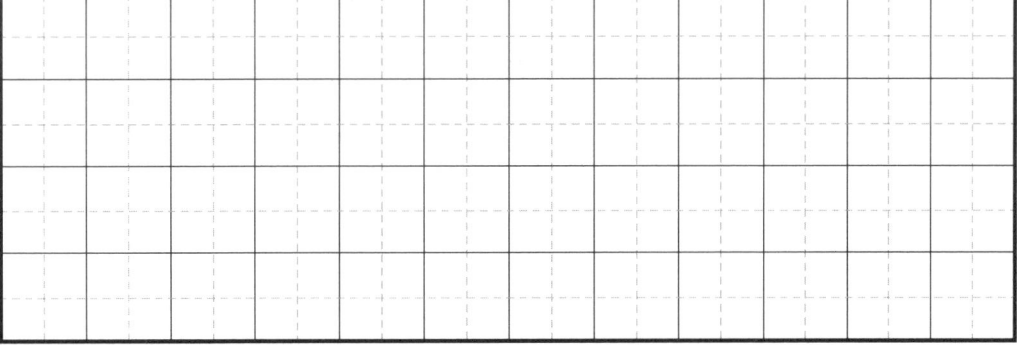

子曰 人而不仁이면 如禮何며
자 왈 인 이 불 인   여 례 하
人而不仁이면 如樂何오
인 이 불 인   여 악 하

공자께서 말씀하셨다.
"사람으로서 어진 마음이 없다면 예의를 지키는 것이 무슨 의미가 있으며, 사람이 어질지 못하다면 음악을 한들 무슨 소용이 있겠는가?"

林放이 問禮之本한대 子曰 大哉라 問이여
임방   문예지본   자왈 대재   문

禮는 與其奢也론 寧儉이요
예   여기사야   영검

喪은 與其易也론 寧戚이니라
상   여기역야   영척

임방이 예의 근본을 묻자, 공자께서 말씀하셨다.
"좋은 질문이로다! 예는 사치스럽기보다는 차라리 검소해야 하고 장례는 형식에 따르기보다는 진심으로 애통해야 한다."

子曰 夷狄之有君이
자왈 이적지유군

不如諸夏之亡也니라
불여제하지망야

공자께서 말씀하셨다.
"오랑캐 나라에 군주가 있다 해도, 중국의 제후국에 군주가 없는 경우보다 못하다."

季氏旅於泰山이러니 子謂冉有曰 女弗能救與아
계씨여어태산　　　자위염유왈　여불능구여

對曰 不能이로소이다
대왈　불능

子曰 嗚呼라 曾謂泰山이 不如林放乎아
자왈　오호　증위태산　불여임방호

계씨가 태산에서 여제를 지내려 하자, 공자께서 염유에게 말씀하셨다.
"네가 말릴 수 있겠느냐?"
염유가 대답하였다.
"막을 수 없습니다."
공자께서 말씀하셨다.
"아, 어찌 태산이 임방만 못하다고 여기느냐?"

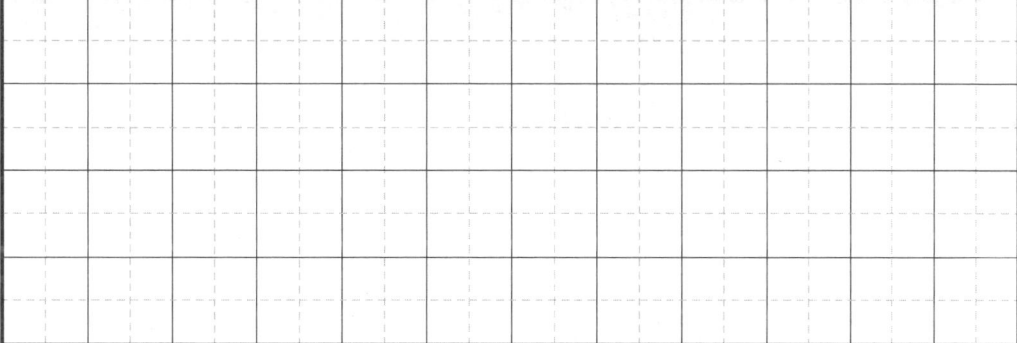

子曰 君子無所爭이니 必也射乎인저
자왈 군자무소쟁　　　필야사호

揖讓而升하여 下而飮하나니 其爭也君子니라
읍양이승　　　하이음　　　기쟁야군자

공자께서 말씀하셨다.
"군자는 다투는 일이 없으나 활쏘기를 겨루는 것만큼은 다투어야 한다. 서로 절하고 사양하며 활 쏘는 자리에 오르고, 내려와서는 술을 마시니, 그렇게 다투는 것이 군자이다."

子夏問曰 巧笑倩兮며 美目盼兮여
자하문왈 교소천혜 미목반혜

素以爲絢兮라 하니
소이위현혜

何謂也이니까 子曰 繪事後素니라
하위야 자왈 회사후소

曰 禮後乎인저
왈 예후호

子曰 起予者는 商也라
자왈 기여자 상야

始可與言詩已矣로다
시 가 여 언 시 이 의

자하가 물었다.
"방긋 웃는 입모습, 아름다운 눈동자, 흰 바탕에 고운 채색이다는 무엇을 말하는 것입니까?"
공자께서 말씀하셨다.
"그림을 그리는 일은 흰 바탕을 마련한 뒤에 하는 것이다."
자하가 물었다.
"예가 나중이란 말씀입니까?"
공자께서 말씀하셨다.
"나를 일깨워주는 자는 상이로구나! 비로소 함께 시를 말할 수 있겠구나."

子曰 夏禮를 吾能言之나 杞不足徵也며
자왈 하례 오능언지 기부족징야

殷禮를 吾能言之나
은례 오능언지

宋不足徵也는 文獻不足故也니
송부족징야 문헌부족고야

足則吾能徵之矣니라
족즉오능징지의

공자께서 말씀하셨다.
"하나라의 예는 내가 이야기할 수 있지만, 그 후예인 기의 예는 증명하기에 부족하고, 은나라의 예에 대해서도 내가 말할 수는 있지만, 그 후예인 송나라의 예는 증명하기에 부족하다. 이것은 문헌이 부족한 까닭이다. 문헌이 충분하다면 내가 그것을 증명할 수 있을 것이다."

子曰 禘自旣灌而往者는
자왈 체자기관이왕자

吾不欲觀之矣로라
오불욕관지의

공자께서 말씀하셨다.
"체제를 지낼 때, 강신주를 따른 이후의 것을 나는 보고 싶지 않다."

或이 問禘之說한대 子曰 不知也로라
혹   문체지설   자왈 부지야

知其說者之於天下也에
지기설자지어천하야

其如示諸斯乎인저 하고 指其掌하시다
기여시제사호   지기장

어떤 사람이 체제의 이치를 묻자, 공자께서 말씀하셨다.
"알지 못한다. 그 이치를 아는 사람은 천하를 다스린다면 이것을 보는 것과 같을 것이다."
이렇게 말하고 그 손바닥을 가리키셨다.

祭如在하시며 祭神如神在러시다
제여재   제신여신재

子曰 吾不與祭면 如不祭니라
자왈 오불여제   여부제

제사 지낼 때에는 조상이 살아계신 듯 정성스럽게 하고, 신령에게 제사를 지낼 때는 신령이 있는 듯했다. 공자께서 말씀하셨다.
"내가 제사에 참여하지 않으면 제사를 지내지 않은 것과 같다."

王孫賈問曰 與其媚於奧로는
왕손가문왈 여기미어오

寧媚於竈라 하니 何謂也잇고
영미어조   하위야

子曰 不然하다 獲罪於天이면 無所禱也니라
자왈 불연   획죄어천   무소도야

왕손가가 물었다.
"'아랫목 귀신에게 아첨하느니 차라리 부엌 신에 아첨하라' 는 말은 무엇을 의미합니까?"
공자께서 말씀하셨다.
"그렇지 않소. 하늘에 죄를 지으면 빌 곳이 없는 법이오."

子曰 周監於二代하니 郁郁乎文哉라
자왈 주감어이대   욱욱호문재

吾從周호리라
오종주

공자께서 말씀하셨다.
"주나라는 하·은 두 나라를 본보기로 삼아 문화가 찬란하도다! 나는 주나라의 예악을 따르겠다."

子入大廟하사 每事問하신대
자 입 태 묘   매 사 문

或曰 孰謂鄹人之子를 子知禮乎아
혹 왈 숙 위 추 인 지 자   자 지 례 호

入大廟하여 每事問이온여
입 대 묘   매 사 문

子聞之하시고 曰 是禮也니라
자 문 지   왈 시 례 야

공자께서 태묘에 들어가 모든 과정을 물으니 어떤 사람이 말하였다.
"누가 추 고을 사람의 아들이 예를 안다고 하였는가? 태묘에 들어가 일일이 묻더라."
공자께서 이 말을 들으시고 말씀하셨다.
"그것이 예이니라."

子曰 射不主皮는 爲力不同科니
자 왈 사 부 주 피   위 력 부 동 과

古之道也니라
고 지 도 야

공자께서 말씀하셨다.
"활쏘기를 할 때, 과녁의 가죽을 꿰뚫는데 주력하지 않는 것은 사람마다 힘을 쓰는 정도가 다르기 때문이다. 이것이 옛날의 궁도였다."

子貢이 欲去告朔之餼羊한대
자공   욕거곡삭지희양

子曰 賜也아 爾愛其羊이나 我愛其禮니라
자왈 사야   이애기양   아애기례

자공이 초하루에 지내는 제사에 양을 바치는 것을 없애려 하자, 공자께서 말씀하셨다.
"사야, 너는 그 양을 아끼느냐 나는 그 예를 더 중하게 여긴다."

子曰 事君盡禮를 人以爲諂也로다
자왈 사군진례   인이위첨야

공자께서 말씀하셨다.
"군주를 섬기며 예를 다한다는 것을 사람들이 아첨한다고 말한다."

定公問 君使臣하며 臣事君하되 如之何잇고
정공문 군사신   신사군   여지하

孔子對曰 君使臣以禮하며 臣事君以忠이니이다
공자대왈 군사신이례   신사군이충

정공이 물었다.
"임금이 신하를 부리고 신하가 임금을 섬기는 것은 어떻게 해야 합니까?"
공자께서 말씀하셨다.
"임금은 예로써 신하를 부리고 신하는 충성으로써 임금을 섬겨야 합니다."

子曰 關雎는 樂而不淫하고 哀而不傷이니라
자왈 관저 낙이불음 애이불상

공자께서 말씀하셨다.
"『시경』의 관저편은 즐거우나 정도에 지나치지 않고, 슬프지만 상심케 하지 않는다."

哀公이 問社於宰我한대
애공 문사어재아

宰我對曰 夏后氏는 以松이요
재아대왈 하후씨 이송

殷人은 以柏이요 周人은 以栗이니
은인 이백 주인 이율

曰使民戰栗이니이다
왈사민전률

子聞之하시고 曰 成事라 不說하며
자문지 왈 성사 불설

遂事라 不諫하며 旣往이 不咎로다
수사 불간 기왕 불구

애공이 재아에게 사에 대하여 묻자 재아가 대답하였다.
"하나라에서는 소나무를 심었고, 은나라 시대에는 잣나무를 심었으며, 주나라에서는 밤나무를 심었습니다. 밤나무를 심은 것은 백성들을 전율케 하려는 것이었다고 합니다."
공자께서 이를 듣고 말씀하셨다.
"이루어진 일은 논하지 않고 끝난 일은 따지지 않으며, 이미 지나간 과거는 탓하지 않는 법이다."

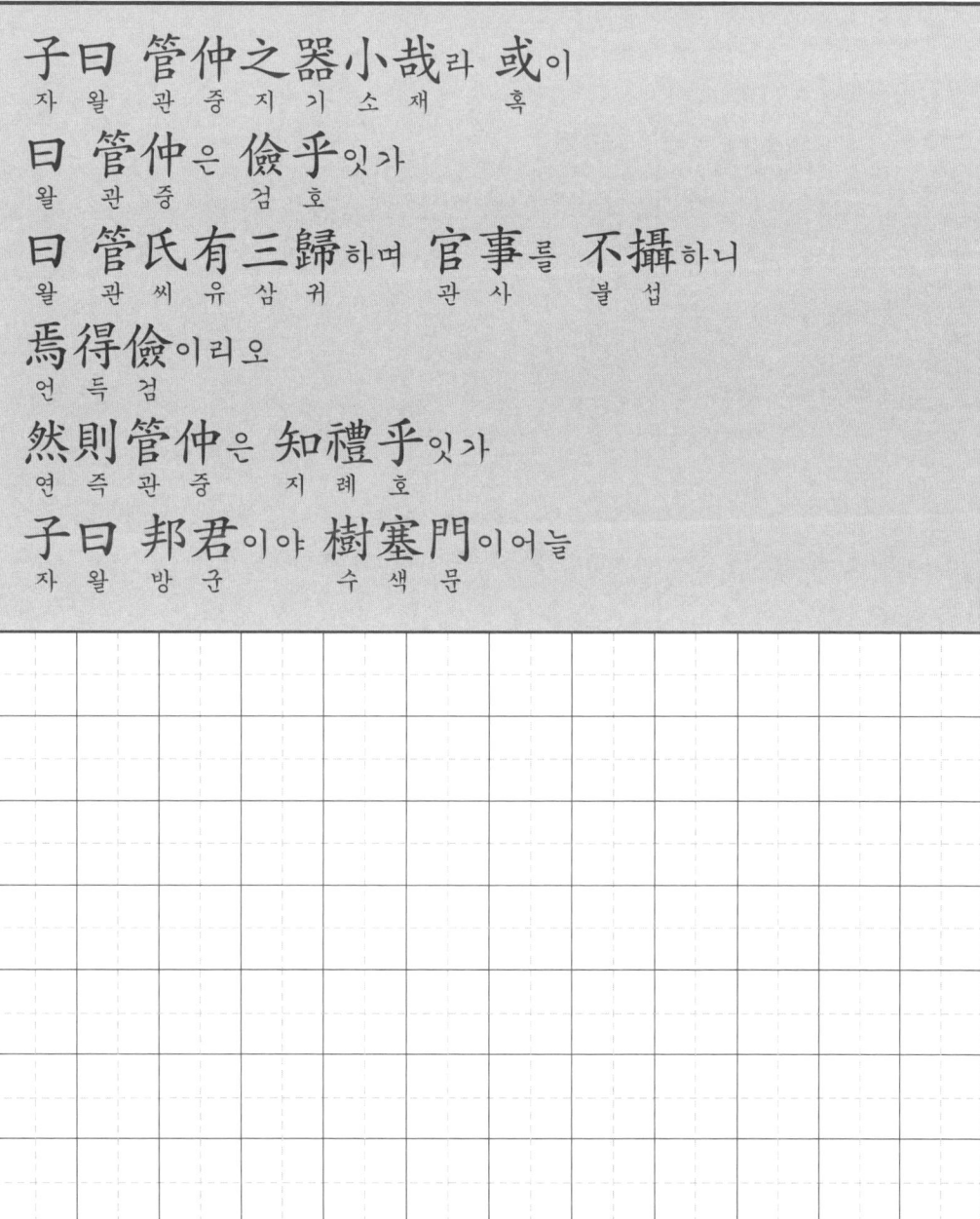

子曰 管仲之器小哉라 或이
자왈 관중지기소재   혹

曰 管仲은 儉乎잇가
왈 관중   검호

曰 管氏有三歸하며 官事를 不攝하니
왈 관씨유삼귀   관사   불섭

焉得儉이리오
언득검

然則管仲은 知禮乎잇가
연즉관중   지례호

子曰 邦君이야 樹塞門이어늘
자왈 방군   수색문

管氏亦樹塞門하며
관 씨 역 수 색 문

邦君이 爲兩君之好에 有反坫이어늘
방 군 위 양 군 지 호 유 반 점

管氏亦有反坫하니
관 씨 역 유 반 점

管氏而知禮면 孰不知禮리오
관 씨 이 지 례 숙 부 지 례

공자께서 말씀하셨다.
"관중은 그릇이 작은 사람이다."
어떤 사람이 물었다.
"관중은 검소했습니까?"
공자께서 말씀하셨다.
"관중은 삼귀대가 있었고 부하에게 겸직을 시키지 않았으니 어찌 검소하다고 하겠는가."
"그럼 관중은 예를 알았습니까?"
공자께서 말씀하셨다.
"임금이 나무로 문을 가리는 가림벽을 세우면 관중도 가림벽을 세웠고, 임금이 두 나라 사이의 우호증진을 위해 베푸는 연회에 쓰기 위해 반점을 설치하자, 관중도 반점을 설치하였다. 관중이 예를 안다면 누가 예를 알지 못하겠는가?"

子語魯大師樂曰 樂은 其可知也니
자어로대사악왈 악 기가지야

始作에 翕如也하여
시작 흡여야

從之에 純如也하며 皦如也하며
종지 순여야   교여야

繹如也하여 以成이니라
역여야   이성

공자께서 노나라 대사에게 음악에 대하여 말씀하셨다.
"음악은 알 수 있는 것이니 시작할 때는 여러 가지 소리가 합해지고 소리가 이어지면서 조화를 이루며, 음이 분명해지면서 끊임없이 지속되어 한 곡이 완성됩니다."

儀封人이 請見曰
의봉인 청현왈

君子之至於斯也에
군자지지어사야

吾未嘗不得見也로라
오미상부득현야

從者見之한대 出曰 二三子는 何患於喪乎리오
종자현지 출왈 이삼자 하환어상호
天下之無道也久矣라
천하지무도야구의
天將以夫子爲木鐸이시리라
천장이부자위목탁

의의 봉인이 공자를 뵙고자 청하며 말하였다.
"군자가 이곳에 오면 내가 만나 뵙지 못한 적이 없었습니다."
공자를 따르는 자가 뵙도록 안내해 주었더니, 뵙고 나와서 말씀하셨다.
"그대들은 어찌하여 공자께서 벼슬이 없음을 걱정하십니까? 천하에 도가 없어진 지 오래니 하늘이 장차 선생님을 세상의 목탁으로 삼으실 것입니다."

子謂韶하시되 盡美矣요 又盡善也라 하시고
자위소 진미의 우진선야
謂武하시되 盡美矣요 未盡善也라 하시다
위무 진미의 미진선야

공자께서 소 음악에 대해 말씀하셨다.
"지극히 아름답고 지극히 선하다."
또 무 음악에 대하여도 말씀하셨다.
"지극히 아름답지만 지극히 선하지는 않다."

子曰 居上不寬하며 爲禮不敬하며
자왈 거상불관   위례불경
臨喪不哀면 吾何以觀之哉리오
임상불애   오하이관지재

공자께서 말씀하셨다.
"높은 지위에 있으면서 너그럽지 못하고 예를 행할 때 공경심이 없으며, 장례식에 슬퍼하지 않는다면 내가 무엇으로 그를 볼 수 있겠는가?"

제4편

里仁

이인

子曰 里仁이 爲美하니
자왈 이인 위미
擇不處仁이면 焉得知리오
택불처인   언득지

공자께서 말씀하셨다.
"어질게 사는 것이 아름다운 일이니 어진 마을을 골라서 거처하지 않는다면 어찌 지혜롭다 하겠는가?"

子曰 不仁者는 不可以久處約이며
자왈 불인자　　불가이구처약

不可以長處樂이니
불가이장처락

仁者는 安仁하고 知者는 利仁이니라
인자　안인　　　지자　이인

공자께서 말씀하셨다.
"마음이 어질지 못한 사람은 오랜 역경을 이겨내지 못하고, 또 오랫동안 안락하게 지내지도 못한다. 어진 사람은 인에 안주하고 지혜로운 사람은 인을 이롭게 여긴다."

子曰 惟仁者이 能好人하며 能惡人이니라
자왈 유인자　　능호인　　　능오인

공자께서 말씀하셨다.
"오직 어진 사람만이 사람을 사랑할 줄도 알고, 또한 미워할 줄도 안다."

子曰 苟志於仁矣면 無惡也니라
자왈 구지어인의　　무악야

공자께서 말씀하셨다.
"진실로 인에 뜻을 두면 악한 일은 하지 않을 것이다."

子曰 富與貴是人之所欲也나
자왈 부여귀시인지소욕야

不以其道得之어든 不處也하며
불이기도득지 불처야

貧與賤是人之所惡也나
빈여천시인지소오야

不以其道得之라도 不去也니라
불이기도득지 불거야

君子去仁이면 惡乎成名이리오
군자거인 오호성명

君子無終食之間違仁이니
군자무종식지간위인

造次에 必於是하며 顚沛에 必於是니라
조차 필어시 전패 필어시

공자께서 말씀하셨다.
"부유함과 귀함은 누구나 탐내는 것이나, 바르게 얻은 것이 아니면 누리지 말며, 가난함과 천함은 누구나 싫어하는 것이나, 부당하게 그렇게 되었다 하더라도 거부하지 마라. 군자가 인을 떠난다면 어찌 그 이름을 이루겠는가? 군자는 밥 먹는 사이라도 인을 어기지 말아야 하고, 아무리 다급한 때라도 반드시 인에 근거해야 하며, 늪에 넘어지는 위급한 순간에도 인에 근거해야 한다."

子曰 我未見好仁者와 惡不仁者로라
자왈 아미견호인자 오불인자

好仁者는 無以尙之요
호인자 무이상지

惡不仁者는 其爲仁矣에
오불인자 기위인의

不使不仁者로 加乎其身이니라
불사불인자 가호기신

有能一日에 用其力於仁矣乎아
유능일일 용기력어인의호

我未見力不足者로라
아미견력부족자

蓋有之矣어늘 我未之見也로다
개유지의 아미지견야

공자께서 말씀하셨다.
"나는 참으로 인을 좋아하는 사람과 어질지 못하여 미워하는 사람을 보지 못했다. 인을 좋아하는 사람은 더할 나위 없이 좋지만, 어질지 못한 사람을 미워하는 사람도 그가 인을 행함에 있어 어질지 않은 사람이 자신에게 영향을 미치도록 하지 않는다. 단 하루라도 힘을 쏟아 인을 행하려고 했는데, 힘이 모자라서 인을 이루지 못한 사람을 나는 아직 보지 못했다. 그런 사람이 있을 법도 하나, 나는 아직 보지 못했다."

子曰 人之過也는 各於其黨이니
자왈 인지과야 각어기당

觀過에 斯知仁矣니라
관과 사지인의

공자께서 말씀하셨다.
"사람의 허물에는 저마다의 유형이 있으니 허물만 보고도 그 사람의 인덕을 알 수 있다."

子曰 朝聞道면 夕死라도 可矣니라
자왈 조문도 석사 가의

공자께서 말씀하셨다.
"아침에 도를 깨달으면 저녁에 죽어도 좋다."

子曰 士志於道而恥惡衣惡食者는
자왈 사지어도이치악의악식자

未足與議也니라
미족여의야

공자께서 말씀하셨다.
"선비가 도에 뜻을 두고도 남루한 옷과 소박한 음식을 부끄럽게 여긴다면 같이 도를 논할 수 없다."

子曰 君子之於天下也에 無適也하며
자왈 군자지어천하야 무적야
無莫也하여 義之與比니라
무막야   의지여비

공자께서 말씀하셨다.
"군자는 천하에서 반드시 좇는 것도 없고, 절대로 해서는 안 되는 것도 없으니 오직 의로움만을 따를 뿐이다."

子曰 君子는 懷德하고 小人은 懷土하며
자왈 군자   회덕   소인   회토
君子는 懷刑하며 小人은 懷惠니라
군자   회형   소인   회혜

공자께서 말씀하셨다.
"군자는 덕을 생각하고 소인은 땅을 생각하며, 군자는 형벌을 생각하고 소인은 은혜만 생각한다."

子曰 放於利而行이면 多怨이니라
자왈 방어리이행   다원

공자께서 말씀하셨다.
"이익에 따라 행동하면 원한을 사는 일이 많아진다."

子曰 能以禮讓이면 爲國乎에 何有며
자왈 능이예양 위국호 하유

不能以禮讓爲國이면 如禮何리오
불능이예양위국 여례하

공자께서 말씀하셨다.
"능히 예의와 겸양으로 나라를 다스릴 수 있다면 아무런 문제가 없다. 그러나 예와 겸양으로써 나라를 다스리지 못한다면 예를 무엇에 쓰겠느냐?"

子曰 不患無位요 患所以立하며
자왈 불환무위 환소이립

不患莫己知요 求爲可知也니라
불환막기지 구위가지야

공자께서 말씀하셨다.
"벼슬이 없음을 걱정하지 말고 자리가 생겼을 때 어떻게 그 지위에 설 수 있는가를 걱정해야 하며, 자기를 알아주지 않는 것을 걱정하지 말고 남이 알아줄 정도가 되도록 노력해야 한다."

子曰 參乎아 吾道는 一以貫之니라
자왈 삼호 오도 일이관지

曾子曰 唯라
증자왈 유

子出이어시늘 門人이 問曰 何謂也잇가
자출 문인 문왈 하위야

曾子曰 夫子之道는 忠恕而已矣니라
증자왈 부자지도 충서이이의

공자께서 말씀하셨다.
"삼아! 나의 도는 하나로 관통된다."
증자가 대답하였다.
"예."
공자께서 나가시자 문인들이 물었다.
"무슨 말씀입니까?"
증자가 말하였다.
"선생님의 도는 충성과 용서일 따름이다."

子曰 君子는 喩於義하고 小人은 喩於利니라
자왈 군자 유어의 소인 유어리

공자께서 말씀하셨다.
"군자는 의에 밝고, 소인은 이익에 밝다."

子曰 見賢思齊焉하며 見不賢而內自省也니라
자왈 견현사제언　　　견불현이내자성야

공자께서 말씀하셨다.
"어진 사람을 보면 그와 같이 되기를 생각하고, 어질지 못한 사람을 보면 자신 또한 그렇지 않은지 스스로 반성해야 한다."

子曰 事父母하되 幾諫이니 見志不從하고
자왈 사부모　　　 기간　　 견지부종

又敬不違하며 勞而不怨이니라
우경불위　　 노이불원

공자께서 말씀하셨다.
"부모를 섬김에 있어 부모님께 잘못이 있더라도 은밀하고 조심스럽게 간하며, 설혹 나의 뜻이 받아들여지지 않더라도 더욱 공경하여 부모의 뜻을 어겨서는 안 되며, 또 힘들더라도 원망하지 않아야 한다."

子曰 父母在어시든 不遠遊하며 遊必有方이니라
자왈 부모재　　　　불원유　　　유필유방

공자께서 말씀하셨다.
"부모님이 살아 계실 때는 먼 곳에 가서 놀지 않으며, 놀러 갈 때는 반드시 가는 곳을 알려야 한다."

子曰 三年을 無改於父之道라야 可謂孝矣니라
자왈 삼년 무개어부지도 가위효의

공자께서 말씀하셨다.
"삼년을 지내는 동안 아버지가 추구했던 것을 고치지 않아야 효성스럽다고 할 수 있다."

子曰 父母之年은 不可不知也니 一則以喜요
자왈 부모지년 불가부지야 일즉이희
一則以懼니라
일즉이구

공자께서 말씀하셨다.
"부모님의 나이는 반드시 알고 있어야 하니, 한편으로는 기쁘고, 한편으로는 두렵다."

子曰 古者에 言之不出은 恥躬之不逮也니라
자왈 고자 언지불출 치궁지불체야

공자께서 말씀하셨다.
"옛 사람들이 말을 함부로 하지 않은 것은, 몸소 실천함이 말에 미치지 못할 것을 부끄러워했기 때문이다."

子曰 以約失之者鮮矣니라
자왈 이약실지자선의

공자께서 말씀하셨다.
"자신의 행동을 절제하고 단속함으로써 실수한 경우는 거의 없다."

子曰 君子는 欲訥於言而敏於行이니라
자왈 군자 욕눌어언이민어행

공자께서 말씀하셨다.
"군자는 말은 어눌하되 실행하는 데는 민첩하고자 한다."

子曰 德不孤라 必有隣이니라
자왈 덕불고 필유린

공자께서 말씀하셨다.
"덕이 있는 사람은 외롭지 않고 반드시 이웃이 있다."

子游曰 事君數이면 斯辱矣요
자유왈 사군삭 사욕의

朋友數이면 斯疏矣니라
붕우삭 사소의

자유가 말하였다.
"임금을 섬김에 있어 자주 간언을 하면 치욕을 당하게 되고, 친구 간에도 자주 충고를 하면 사이가 멀어진다."

제5편

公冶長
공야장

子謂公冶長하시되 可妻也로다
자위공야장 가처야

雖在縲絏之中이나
수재루설지중

非其罪也라 하시고 以其子로 妻之하시다
비기죄야 이기자 처지

子謂南容하시되 邦有道에 不廢하며
자위남용 방유도 불폐

邦無道에 免於刑戮이라 하시고
방무도 면어형륙

以其兄之子로 妻之하시다
이기형지자 처지

공자께서 공야장을 평하여 말씀하셨다.
"가히 사위로 삼을 만하다. 비록 포승에 묶여 감옥에 갇힌 적은 있지만 죄가 있어 그런 것은 아니었다."
이렇게 말하고 딸을 그에게 시집보내셨다. 또 공자께서 남용을 평하여 말씀하셨다.
"나라에 도의가 있을 경우에는 버림을 받지 아니하고, 나라에 도의가 없어도 형벌과 죽음을 면할 만한 사람이다." 이렇게 말하고 형님의 딸을 그의 처로 삼게 하였다.

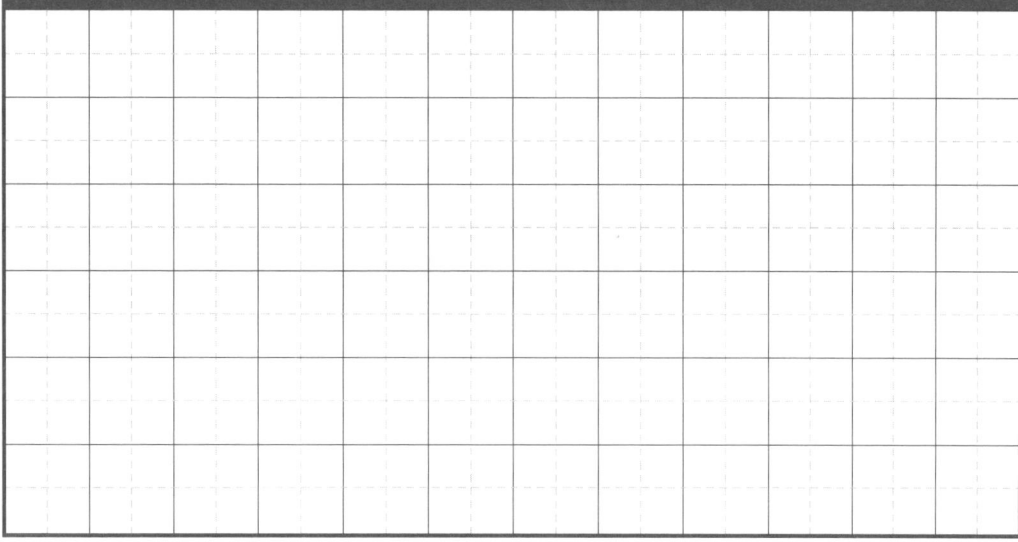

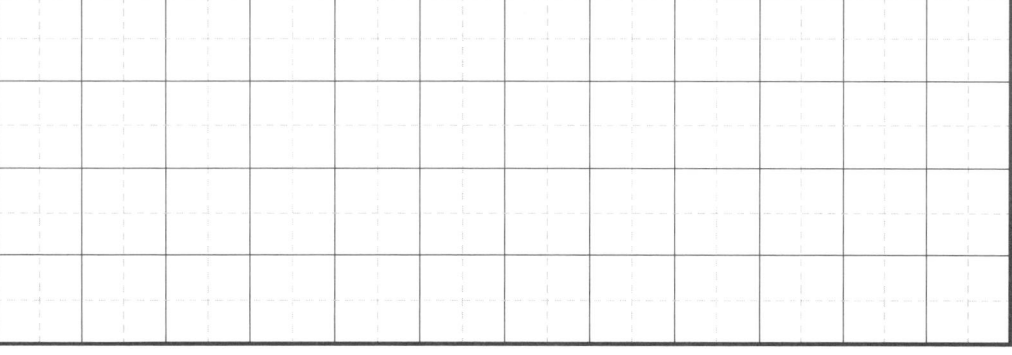

공자께서 자천에 대해 말씀하셨다.
"군자로다, 이 사람은! 노나라에 군자가 없다면, 어디서 이 같은 덕을 터득했겠는가?"

子貢問曰 賜也는 何如이니잇고
자공문왈 사야 하여

子曰 女器也니라
자왈 여기야

曰 何器也잇고 曰 瑚璉也니라
왈 하기야 왈 호련야

자공이 공자께 물었다.
"저는 어떤 사람입니까?"
공자께서 말씀하셨다.
"너는 그릇이다."
"어떤 그릇입니까?"
"호련이다."

或曰 雍也는 仁而不佞이로다
혹왈 옹야 인이불녕

子曰 焉用佞이리오 禦人以口給하여
자왈 언용녕 어인이구급

屢憎於人하나니 不知其仁이어니와 焉用佞이리오
루증어인 부지기인 언용녕

어떤 사람이 말하였다.
"옹은 어질지만 말재주가 없습니다."
공자께서 말씀하셨다.
"말재주가 무슨 소용이 있는가? 그럴 듯한 말재주로 사람들을 대하면 다른 사람들로부터 자주 미움을 받는다. 나는 옹의 인덕에 대해서는 모르겠고, 말재주는 무엇에 쓴단 말인가?"

子使漆雕開로 仕하신대 對曰
자 사 칠 조 개   사   대 왈
吾斯之未能信이로소이다 子說하시다
오 사 지 미 능 신   자 열

공자께서 칠조개에게 벼슬살이를 시키려 하자, 그가 말하였다.
"저는 아직 그 일을 감당할 자신이 없습니다."
그러자 공자께서 몹시 기뻐하셨다.

子曰 道不行이라 乘桴하여 浮於海하리니
자왈 도불행   승부   부어해
從我者는 其由與인저 子路聞之하고 喜한대
종아자   기유여   자로문지   희
子曰 由也는 好勇過我하니 無所取材니라
자왈 유야   호용과아   무소취재

공자께서 말씀하셨다.
"도가 행해지지 않아 뗏목을 타고 바다로 나간다면 나를 따라올 사람은 아마도 유일 것이다."
자로가 이 말을 듣고 기뻐하자 공자께서 말씀하셨다.
"유는 용맹을 좋아함이 나를 능가하지만 취할 만한 도량은 없다."

孟武伯이 問子路는 仁乎잇가
맹무백   문자로   인호

子曰 不知也로라
자왈 부지야

又問한대 子曰 由也는
우문   자왈 유야

千乘之國에 可使治其賦也어니와
천승지국   가사치기부야

不知其仁也로라 求也는 何如하니잇가
부지기인야   구야   하여

子曰 求也는 千室之邑과
자왈 구야   천실지읍

百乘之家에 可使爲之宰也어니와
백승지가   가사위지재야

不知其仁也케라 赤也는 何如하니잇가
부지기인야   적야   하여

子曰 赤也는 束帶立於朝하여
자왈 적야   속대립어조

可使與賓客言也어니와
가사여빈객언야

不知其仁也로라
부지기인야

맹무백이 물었다.
"자로는 어집니까?"
공자께서 대답하셨다.
"모르겠소."
또 물으니 공자께서 말씀하셨다.
"유는 천승의 나라에서 군대를 맡을 수 있으나 그가 어진지는 모르겠소."
"구는 어떤 사람입니까?"
공자께서 말씀하셨다.
"구는 천호의 고을이나 경대부의 집에서 읍장이나 가재 노릇을 할 만하나, 어진지는 모르겠소."
"적은 어떤 사람입니까?"
공자께서 말씀하셨다.
"적은 의관을 갖추고 조정에 서서 빈객들을 접대할 만은 하지만, 그가 어진지는 잘 모르겠소."

子謂子貢曰 女與回也로 孰愈오
자위자공왈 여여회야 숙유

對曰 賜也는 何敢望回리잇고
대왈 사야 하감망회

回也는 聞一以知十하고
회야 문일이지십

賜也는 聞一以知二하노이다
사야 문일이지이

子曰 弗如也니라
자왈 불여야

吾與女의 弗如也하니라
오여여 불여야

공자께서 자공에게 말씀하셨다.
"너와 안회 중에 누가 더 나으냐?"
자공이 대답하였다.
"제가 어찌 감히 안회와 견주기를 바라겠습니까? 안회는 하나를 들으면 열을 알지만, 저는 하나를 들으면 둘을 알 뿐입니다."
공자께서 말씀하셨다.
"안회만 못하다. 너와 나는 그만 못하다."

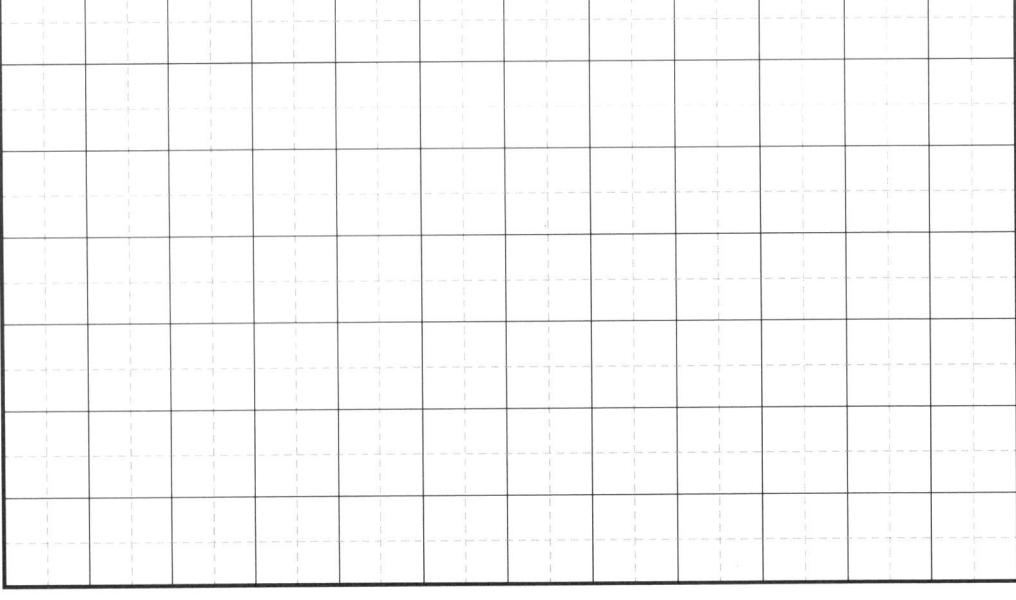

宰予晝寢이어늘 子曰 朽木은 不可雕也며
재여주침 자왈 후목 불가조야

糞土之牆은 不可杇也니
분토지장 불가오야

於予與에 何誅리오
어여여 하주

子曰 始吾於人也에
자왈 시오어인야

聽其言而信其行이러니 今吾於人也에
청기언이신기행 금오어인야

聽其言而觀其行하노니 於予與改是로라
청기언이관기행 어여여개시

재여가 낮잠을 자고 있자, 공자께서 말씀하셨다.
"썩은 나무에는 조각할 수 없고, 더러운 흙으로 쌓은 담장은 손질을 해도 소용이 없다. 재여를 책망하여 무엇하겠느냐?"
또 공자께서 말씀하셨다.
"처음에는 남을 대할 때 그의 말만 듣고 행실을 믿었는데, 이제는 남을 대할 때, 그의 말을 듣고서도 그의 행실을 살펴보게 되었다. 재여로 인해 사람 대하는 태도를 고치게 되었다."

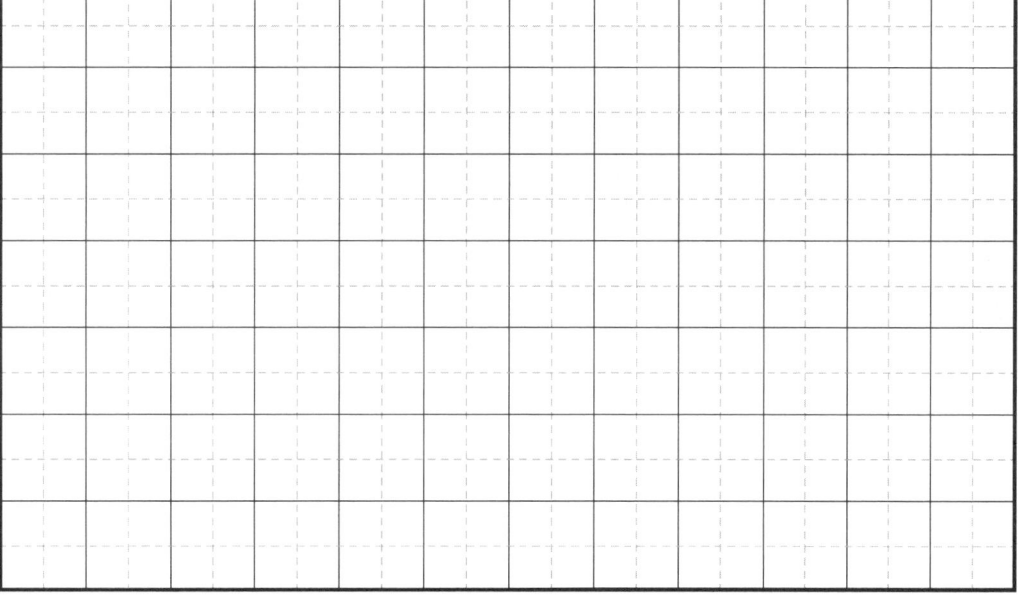

子曰 吾未見剛者로다 或對曰 申棖이니이다
자왈 오미견강자   혹대왈 신장

子曰 棖也는 慾이어니 焉得剛이리오
자왈 장야   욕   언득강

공자께서 말씀하셨다.
"나는 아직 강직한 사람을 보지 못했다."
어떤 사람이 대답하였다.
"신장이 강직합니다."
그러자 공자께서 말씀하셨다.
"신장은 탐욕스러운데 어찌 강직하다고 할 수 있겠느냐?"

子貢曰 我不欲人之加諸我也하고
자공왈 아불욕인지가제아야

吾亦欲無加諸人하나이다
오역욕무가제인

子曰 賜也아 非爾所及也니라
자왈 사야   비이소급야

자공이 말하였다.
"저는 남이 억지로 가하는 것을 원치 않고, 저 또한 남에게 억지로 가하고자 원치도 않습니다."
공자께서 말씀하셨다.
"사야, 네가 할 수 있는 일이 아니다."

子貢曰 夫子之文章은 可得而聞也어니와
자공왈 부자지문장   가득이문야
夫子之言性與天道는 不可得而聞也니라
부자지언성여천도   불가득이문야

자공이 말하였다.
"선생님의 문장은 들을 수는 있었지만, 본성과 천도에 대해 말씀하시는 것은 들을 수 없었다."

子路는 有聞이요 未之能行하여선 唯恐有聞하더라
자로   유문   미지능행   유공유문

자로는 좋은 말을 듣고 아직 실행하지 못했으면, 새로운 가르침 듣기를 두려워했다.

子貢問曰 孔文子를 何以謂之文也잇고
자공문왈 공문자   하이위지문야
子曰 敏而好學하며 不恥下問이라
자왈 민이호학   불치하문
是以謂之文也니라
시이위지문야

자공이 물었다.
"공문자를 어찌하여 '문'이라고 부르게 되었습니까?"
공자께서 말씀하셨다.
"영민하면서 배우기를 좋아하며, 아랫사람에게 묻는 것을 부끄럽게 여기지 않았기 때문에 문이라 한 것이다."

子謂子產하시되 有君子之道四焉이니
자위자산　　　유군자지도사언

其行己也恭하며
기행기야공

其事上也敬하며 其養民也惠하며
기사상야경　　기양민야혜

其使民也義니라
기사민야의

공자께서 자산을 평가하여 말씀하셨다.
"군자의 도를 네 가지 갖추고 있다. 몸가짐이 공손했고, 윗사람 섬김에는 공경스러웠으며, 백성을 부양하는 데 은혜로웠고, 백성을 부림에는 올바른 방도로 하였다."

子曰 晏平仲은 善與人交로다 久而敬之온여
자왈 안평중　 선여인교　　　구이경지

공자께서 말씀하셨다.
"안평중은 사람을 잘 사귄다. 사귄 지 오래되어도 잘 공경한다."

子曰 臧文仲이 居蔡하되 山節藻梲하니
자왈 장문중 　　거채　　산절조절

何如其知也리오
하여기지야

공자께서 말씀하셨다.
"장문중은 채 지방의 큰 거북을 기르며, 기둥 끝에는 산을 새기고, 동자기둥에는 수초를 그렸으니 어찌 그를 지혜롭다 하겠는가?"

子張이 問曰 令尹子文이
자장　문왈 영윤자문

三仕爲令尹하되 無喜色하며
삼사위영윤　　무희색

三已之하되 無慍色하여 舊令尹之政을
삼이지　　무온색　　구영윤지정

必以告新令尹하니 何如하리잇고
필이고신영윤　　하여

子曰 忠矣니라 曰 仁矣乎잇가
자왈 충의　　왈 인의호

69

曰 未知로라 焉得仁이리오
왈 미지 언득인

崔子弑齊君이어늘 陳文子有馬十乘이러니
최자시제군 진문자유마십승

棄而違之하고 至於他邦하야
기이위지 지어타방

則曰猶吾大夫崔子也라 하고
즉왈유오대부최자야

違之하며 之一邦하야
위지 지일방

則又曰猶吾大夫崔子也라 하고 違之하니
즉우왈유오대부최자야 위지

何如하리잇고
하여

子曰 淸矣니라
자왈 청의

曰 仁矣乎잇고 曰 未知로라 焉得仁이리오
왈 인의호 왈 미지 언득인

자장이 물었다.
"영윤인 자문은 세 번이나 벼슬에 나가 영윤이 되었으되 기뻐하는 기색이 없었고, 세 번이나 벼슬을 그만두게 되었어도 섭섭한 기색이 없었으며, 또한 자리를 물릴 때에는 전임 영윤의 정사를 반드시 후임 영윤에게 일러주었습니다. 그는 어떻습니까?"
공자께서 말씀하셨다.
"충성스럽구나."
"인이라 하겠습니까?"
"어떠한지는 모르겠지만 그것만 듣고서 어찌 인을 얻었다 하겠는가?"
자장이 또 물었다.
"최자가 제나라의 군주를 죽였을 때, 진문자는 말 십승의 큰 재산을 버리고 떠났습니다. 그런데 다른 나라에 가 보니 그곳 대부도 좋지 않아서 '여기도 우리나라의 최자와 같은 대부가 있다.'라고 말하고, 그곳을 떠났습니다. 또 다른 나라에 가보았습니다만 거기서도 역시 같은 말을 하고 떠났다고 합니다. 이 같은 인물은 어떻게 생각하십니까?"
공자께서 대답하셨다.
"청렴결백하다."
자장이 또다시 물었다.
"인자라고 할 수 있겠습니까?"
공자께서 말씀하셨다.
"어떤지 알 수 없지만, 그것만 듣고서는 어찌 인을 얻었다 하겠는가?"

季文子三思而後에 行하더니
계문자삼사이후　　행
子聞之하시고 曰 再斯可矣니라
자문지　　　왈 재사가의

계문자는 세 번 생각한 후에야 행동했다는 말을 듣고 공자께서 말씀하셨다.
"두 번이면 된다."

子曰 甯武子邦有道則知하고
자왈 영무자방유도즉지

邦無道則愚하니
방무도즉우

其知는 可及也어니와 其愚는 不可及也니라
기지   가급야   기우   불가급야

공자께서 말씀하셨다.
"영무자는 나라에 도가 행해질 때는 지혜로운 척했고, 나라에 도가 행해지지 않을 때에는 어리석은 척했다. 그의 지혜로움은 누구나 따를 수 있지만, 그 어리석은 듯한 행동은 아무나 따를 수 없다."

子在陳하사 曰 歸與歸與인저
자재진   왈 귀여귀여

吾黨之小子狂簡하여
오당지소자광간

斐然成章이요 不知所以裁之로다
비연성장   부지소이재지

공자께서 진나라에 계실 때 말씀하셨다.
"돌아가자, 돌아가자! 우리 고향의 젊은이들은 뜻은 크고 진취적이지만 일에 미숙하고, 훌륭한 기본은 갖추었지만 마무리할 줄 모른다."

子曰 伯夷叔齊는
자왈 백이숙제
不念舊惡이라 怨是用希니라
불염구악   원시용희

공자께서 말씀하셨다.
"백이와 숙제는 지난날의 원한을 생각하지 않았기에 원망하는 사람도 드물었다."

子曰 孰謂微生高直고
자왈 숙위미생고직
或이 乞醯焉이어늘 乞諸其隣而與之로다
혹   걸혜언   걸제기린이여지

공자께서 말씀하셨다.
"누가 미생고를 정직하다고 하는가? 어떤 사람이 식초를 구하려 하자 이웃집에 가서 구해다 주었다."

子曰 巧言令色足恭을 左丘明恥之하니
자왈 교언영색주공 좌구명치지

丘亦恥之하노라
구역치지

匿怨而友其人을 左丘明恥之하니 丘亦恥之하노라
익원이우기인 좌구명치지 구역치지

공자께서 말씀하셨다.
"겉으로 말을 잘 꾸미고 낯빛을 부드럽게 하고, 지나치게 공손한 척하는 태도를 좌구명이 부끄럽게 여겼듯이 나 또한 그것을 부끄럽게 여긴다. 또 원한을 감추고 친한 척하는 것을 좌구명이 부끄럽게 여겼듯이 나도 그것을 부끄럽게 여긴다."

顏淵季路侍러니 子曰 盍各言爾志리오
안연계로시   자왈 합각언이지

子路曰 願車馬와 衣輕裘를
자로왈 원거마 의경구

與朋友共하여 敝之而無憾하노이다
여붕우공   폐지이무감

顏淵이 曰 願無伐善하며 無施勞하노이다
안연 왈 원무벌선   무시로

子路曰 願聞子之志하노이다
자로왈 원문자지지

子曰 老者를 安之하며 朋友를 信之하며
자왈 노자 안지   붕우 신지

少者를 懷之니라
소자 회지

안연과 계로가 공자를 모시고 있을 때 공자께서 말씀하셨다.
"각자 소망하는 바를 말해보지 않겠느냐?"
자로가 말하였다.
"좋은 말과 수레와 가벼운 가죽옷을 얻어, 벗들과 같이 나눠 쓰다가 헐어 못쓰게 된다 해도 아까워하지 않겠습니다."
안연이 말하였다.
"착한 일을 남에게 자랑하지 않고, 남에게 힘든 일을 강요하지 않겠습니다."
자로가 "선생님께서 원하시는 바를 듣고 싶습니다." 하자 공자께서 말씀하셨다.
"노인을 편하게 해주고, 벗들에게는 신의를 지키며, 젊은이들을 따르게 하고자 한다."

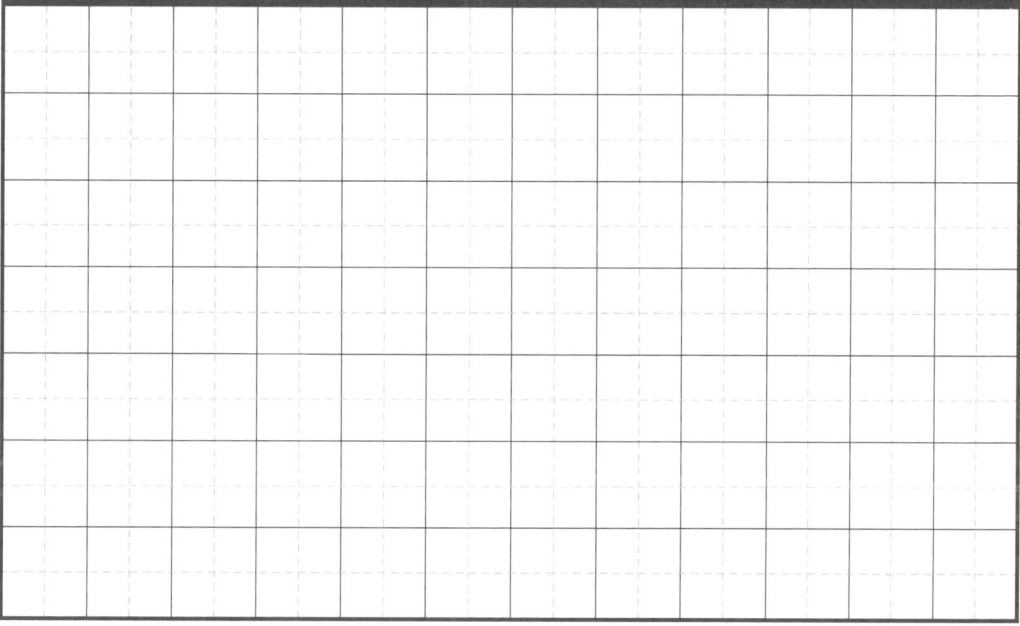

공자께서 말씀하셨다.
"다 그만두어야겠구나! 나는 아직까지 자기의 잘못을 보고 스스로 마음속으로 자책할 수 있는 사람을 보지 못했다!"

子曰 十室之邑에
자왈 십실지읍

必有忠信如丘者焉이어니와
필유충신여구자언

不如丘之好學也니라
불여구지호학야

공자께서 말씀하셨다.
"열 가구 정도의 마을에도 반드시 충성과 신의에 있어서는 나만한 사람은 있을 것이나 학문을 나보다 사랑하는 사람은 없을 것이다."

제6편

雍也

옹야

子曰 雍也는 可使南面이로다
자왈 옹야   가사남면

仲弓이 問子桑佰子한대 子曰 可也簡이니라
중궁   문자상백자   자왈 가야간

仲弓이 曰 居敬而行簡하여
중궁   왈 거경이행간

以臨其民이면 不亦可乎잇가
이임기민   불역가호

居簡而行簡이면 無乃大簡乎잇가
거간이행간   무내대간호

子曰 雍之言이 然하다
자왈 옹지언   연

공자께서 말씀하셨다.
"옹이야말로 임금이 될 만하다."
중궁이 자상백자에 대하여 묻자, 공자께서 말씀하셨다.
"쓸 만한 인물이다. 간결하게 일을 처리하니."
중궁이 다시 말하였다.
"몸가짐을 조심하고 소탈한 행동으로 백성들을 대한다면 이 또한 좋지 않습니까? 몸가짐도 소탈하고 행동까지 소탈하면, 지나치게 소탈하지 않겠습니까?"
공자께서 말씀하셨다.
"옹의 말이 옳다."

哀公이 問 弟子孰爲好學이니잇고
애공 문 제자숙위호학

孔子對曰 有顔回者好學하여
공자대왈 유안회자호학

不遷怒하며 不貳過하더니
불천노 불이과

不幸短命死矣라 今也則亡하니
불행단명사의 금야즉무

未聞好學者也니이다
미문호학자야

애공이 물었다.
"제자들 중에서 누가 배우기를 가장 좋아합니까?"
공자께서 대답하여 말씀하셨다.
"안회가 배우기를 좋아해서 다른 사람에게 화풀이를 하지 않고 같은 잘못을 두 번 하지 않았으나 불행히도 죽고 지금은 없습니다. 이제는 그런 사람이 없으니 배우기를 좋아하는 사람이 있다는 말을 아직 듣지 못했습니다."

子華使於齊러니 冉子爲其母請粟한대
자화사어제 염자위기모청속

子曰 與之釜하라
자왈 여지부

請益한대 曰 與之庾하라 하니
청익 왈 여지유

冉子與之粟五秉한대
염 자 여 지 속 오 병

子曰 赤之適齊也에
자 왈 적 지 적 제 야

乘肥馬하고 衣輕裘하니
승 비 마 　　　의 경 구

吾聞之也하니 君子는 周急이오 不繼富라 하라
오 문 지 야 　　　군 자 　　주 급 　　　불 계 부

原思爲之宰러니 與之粟九百이어시늘 辭한대
원 사 위 지 재 　　　여 지 속 구 백 　　　　　　사

子曰 毋하여 以與爾鄰里鄉黨乎인저
자 왈 　무 　　　이 여 이 린 리 향 당 호

자화가 사신이 되어 제나라로 떠나가자, 염구가 자화의 모친을 위해서 곡식 주기를 청했다. 이에 공자께서 말씀하셨다.
"여섯 말 네 되를 주라."
염구가 좀 더 주자고 청하자, 공자께서 말씀하셨다.
"열여섯 말을 주어라."
그러나 염구는 여든 섬을 주었다. 이에 공자께서 말씀하셨다.
"적은 제나라에 갈 때 살찐 말을 타고, 가벼운 가죽옷을 입었다. 내가 들으니 군자는 궁핍한 사람을 도와주고 보태주되, 부유한 사람을 더 부유하게 하지 않는다고 하였다."
원사가 영읍의 책임자로 있을 때, 공자가 원사에게 곡식 구백 석을 주자, 사양하였다. 공자께서 말씀하셨다.
"사양하지 마라. 그것을 네 이웃과 마을 향당에 나눠주면 되지 않느냐!"

子謂仲弓曰 犁牛之子騂且角이면
자 위 중 궁 왈 리 우 지 자 성 차 각
雖欲勿用이나 山川其舍諸아
수 욕 물 용   산 천 기 사 제

공자께서 중궁에게 말씀하셨다.
"얼룩소의 새끼라도 털색이 붉고 뿔이 곧으면, 비록 쓰지 않으려고 해도, 산천의 신이 어찌 그것을 그냥 내버려두겠는가?"

子曰 回也는 其心이 三月不違仁이요
자 왈 회 야   기 심   삼 월 불 위 인
其餘則日月至焉而已矣니라
기 여 즉 일 월 지 언 이 이 의

공자께서 말씀하셨다.
"회는 그 마음이 석 달 동안 인을 어기지 않고, 그 나머지 사람들은 하루나 한 달 정도 인에 이를 뿐이다."

季康子問 仲由는 可使從政也與잇가
계강자문 중유 가사종정야여

子曰 由也果하니 於從政乎에 何有리오
자왈 유야과 어종정호 하유

曰 賜也는 可使從政也與잇가
왈 사야 가사종정야여

曰 賜也達하니 於從政乎에 何有리오
왈 사야달 어종정호 하유

曰 求也는 可使從政也與잇가
왈 구야 가사종정야여

曰 求也藝하니 於從政乎何有리오
왈 구야예 어종정호하유

대부인 계강자가 물었다.
"중유는 정치에 참여할 만합니까?"
공자께서 말씀하셨다.
"유는 과단성이 있으니 정치에 참여해도 아무 문제가 없습니다."
계강자가 "사는 정치에 참여할 만합니까?" 하고 묻자 공자께서 말씀하셨다.
"사는 세상사에 두루 통달하였으니 정치에 참여해도 아무 문제가 없습니다."
계강자가 "염구는 정치에 참여할 만합니까?" 하고 묻자 공자께서 말씀하셨다.
"염구는 재주가 있으니 정치에 참여해도 아무 문제가 없습니다."

季氏使閔子騫으로 爲費宰한대
계씨사민자건   위비재

閔子騫曰 善爲我辭焉하라
민자건왈 선위아사언

如有復我者면 則吾必在汶上矣리라
여유부아자   즉오필재문상의

계씨가 민자건을 자신의 식읍인 비읍의 수장으로 삼으려 하자, 민자건이 말하였다. "저를 위하여 잘 거절해 주십시오. 만약 다시 저를 찾는 일이 있다면 저는 분명히 문수 강가에 있을 것입니다."

伯牛有疾이어늘 子問之하실새
백우유질   자문지

自牖執其手하사 曰 亡之러니
자유집기수   왈 무지

命矣夫라 斯人也而有斯疾也할새
명의부   사인야이유사질야

斯人也而有斯疾也할새
사인야이유사질야

백우가 병을 앓자, 공자께서 문병을 가시어 창문 너머로 그의 손을 잡고 말씀하셨다. "이럴 리가 없다. 운명이란 말인가! 이 사람이 이런 병에 걸리다니! 이 사람이 이런 병에 걸리다니!"

子曰 賢哉라 回也여 一簞食와
자왈 현재 회야 일단사

一瓢飮으로 在陋巷을
일표음 재누항

人不堪其憂어늘 回也不改其樂하니
인불감기우 회야불개기락

賢哉라 回也여
현재 회야

공자께서 말씀하셨다.
"어질다, 회여! 밥 한 그릇과 물 한 바가지로 끼니를 때우면서 누추한 곳에 살게 되면 다른 사람들은 감당하지 못하는데 회는 그렇게 살면서도 즐거움이 변치 않으니, 참으로 회는 어질도다!"

冉求曰 非不說子之道언마는 力不足也로이다
염구왈 비불열자지도 역부족야

子曰 力不足者는 中道而廢하나니 今女畫이로다
자왈 역부족자 중도이폐 금녀획

염구가 말하였다.
"선생님의 도를 좋아하지 않는 것이 아니라, 제 힘이 부족합니다."
공자께서 말씀하셨다.
"힘이 부족한 사람은 할 수 있는 데까지 해보다가 도중에 그만두는 법인데, 지금 너는 해보지도 않고 미리 한계를 긋고 있다."

子謂子夏曰 女爲君子儒요
자 위 자 하 왈 여 위 군 자 유

無爲小人儒하라
무 위 소 인 유

공자께서 자하에게 말씀하셨다.
"너는 군자다운 유학자가 되고 소인 같은 유학자는 되지 마라."

子游爲武城宰러니
자 유 위 무 성 재

子曰 女得人焉爾乎아
자 왈 여 득 인 언 이 호

曰 有澹臺滅明者하니 行不由徑하며
왈 유 담 대 멸 명 자 　 　 행 불 유 경

非公事어든 未嘗至於偃之室也니이다
비 공 사 　 　 미 상 지 어 언 지 실 야

자유가 무성읍의 수장이 되자 공자께서 말씀하셨다.
"자네는 좋은 인재를 얻었는가?"
자유가 대답하였다.
"담대멸명이라는 자가 있습니다. 그는 길을 갈 때 지름길로 다니지 않고, 공적인 업무가 아니면 제 방에 오지 않습니다."

子曰 孟之反은 不伐이로다
자왈 맹지반 불벌

奔而殿하여 將入門할새 策其馬曰
분이전 장입문 책기마왈

非敢後也라 馬不進也라 하니라
비감후야 마부진야

공자께서 말씀하셨다.
"맹지반은 공을 자랑하지 않는다. 전쟁에 패하여 달아날 때는 후미에서 적을 막았으며, 성문에 들어서려고 할 즈음에야 말에 채찍질을 하면서 말하기를, '일부러 뒤에 처지려 한 것이 아니라 말이 나아가지 않았소.' 라고 하였다."

子曰 不有祝鮀之佞이며
자왈 불유축타지녕

而有宋朝之美면
이유송조지미

難乎免於今之世矣니라
난호면어금지세의

공자께서 말씀하셨다.
"축타와 같은 말솜씨가 없거나 송조와 같은 미모를 갖지 못했다면, 오늘날과 같은 세상에서 화를 면하기 어려울 것이다."

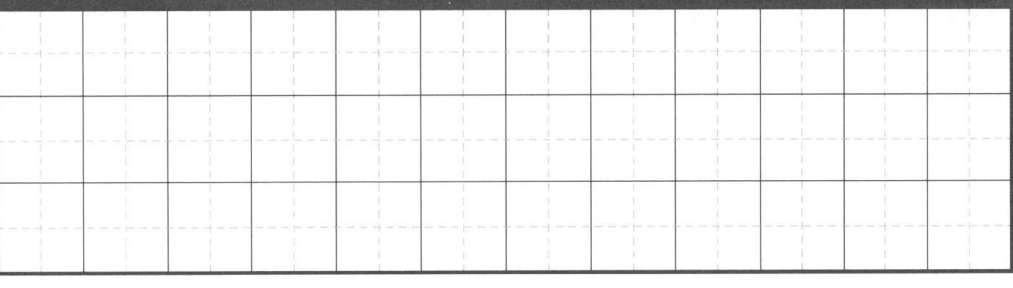

子曰 誰能出不由戶리오마는 何莫由斯道也오
자왈 수능출불유호   하막유사도야

공자께서 말씀하셨다.
"누구라도 밖으로 나갈 때, 문을 통과하지 않을 수 없건만 어찌하여 성현의 도를 따르지 않는가?"

子曰 質勝文則野요 文勝質則史니
자왈 질승문즉야   문승질즉사
文質이 彬彬然後에 君子니라
문 질   빈빈연후   군자

공자께서 말씀하셨다.
"본질이 외면보다 앞서면 저속하고, 외면이 본질보다 앞서면 형식에 흐르게 된다. 외면과 본질이 적절히 조화를 이루어야 군자라 할 수 있다."

子曰 人之生也直하니 罔之生也는 幸而免이니라
자왈 인지생야직   망지생야   행이면

공자께서 말씀하셨다.
"사람은 정직하게 살아야 한다. 부정한 짓을 하고도 살아 있는 것은 요행으로 죽음을 면했을 뿐이다."

子曰 知之者는 不如好之者요
자왈 지지자 불여호지자
好之者는 不如樂之者니라
호지자 불여락지자

공자께서 말씀하셨다.
"아는 자는 좋아하는 자만 못하고, 좋아하는 자는 즐기는 자만 못하다."

子曰 中人以上은 可以語上也어니와
자왈 중인이상 가이어상야
中人以下는 不可以語上也니라
중인이하 불가이어상야

공자께서 말씀하셨다.
"중간 이상에 해당하는 사람들에게는 수준 높은 이야기를 해주어도 좋지만, 중간 이하에 해당하는 사람들에게는 수준 높은 이야기를 해줄 수 없다."

樊遲問知한대 子曰 務民之義는
번지문지 자왈 무민지의
敬鬼神而遠之면 可謂知矣니라
경귀신이원지 가위지의

問仁한대 曰 仁者先難而後獲이면
문인   왈 인자선난이후획

可謂仁矣니라
가위인의

번지가 지혜에 대해 묻자, 공자께서 말씀하셨다.
"백성이 의로움에 힘을 기울이고, 귀신의 힘을 빌려 복을 구하고, 화를 물리치는 어리석은 짓을 하지 않는다면 지혜롭다 할 수 있을 것이다."
인에 대해 묻자, 공자께서 말씀하셨다.
"인자란 어려운 일에는 먼저 나서고, 이득을 챙기는 것은 남보다 뒤에 하니, 이렇게 하면 인자라고 할 수 있다."

子曰 知者는 樂水하고 仁者는 樂山이니
자왈 지자   요수   인자   요산

知者는 動하고 仁者는 靜하며
지자   동   인자   정

知者는 樂하고 仁者는 壽니라
지자   낙   인자   수

공자께서 말씀하셨다.
"지혜로운 사람은 물을 좋아하고, 어진 사람은 산을 좋아한다. 지혜로운 사람은 동적이고 어진 사람은 정적이다. 지혜로운 사람은 인생을 즐기며 살고 어진 사람은 장수한다."

子曰 齊一變이면 至於魯하고
자왈 제일변   지어로

魯一變이면 至於道니라
노일변   지어도

공자께서 말씀하셨다.
"제나라가 정도를 향하여 한 번 변하면 노나라에 이르고, 노나라가 정도를 향하여 한 번 변하면 도에 이를 것이다."

子曰 觚不觚면 觚哉觚哉아
자왈 고불고   고재고재

공자께서 말씀하셨다.
"모난 술잔에 모난 곳이 없다면 어찌 그것을 모난 술잔이라 하랴! 모난 술잔이라 하랴!"

宰我問曰 仁者는 雖告之曰
재아문왈 인자   수고지왈

井有仁焉이라도 其從之也로소이다
정유인언   기종지야

子曰 何爲其然也리오 君子可逝也인정
자왈 하위기연야   군자가서야

不可陷也며 可欺也언정 不可罔也니라
불가함야　　가기야　　　　불가망야

재아가 물었다.
"인자라면 지금 우물에 사람이 빠졌다고 속이면, 그 말에 따라야 합니까?"
공자께서 말씀하셨다.
"어찌 그러겠느냐? 군자는 우물에 달려가더라도 빠지지는 않을 것이다. 그를 잠시 속일 수는 있겠지만 이치에 어긋난 말로 기만할 수는 없다."

子曰 君子博學於文이요
자왈 군자박학어문
約之以禮면 亦可以弗畔矣夫인저
약지이례　역가이불반의부

공자께서 말씀하셨다.
"군자는 널리 글을 배우고 예로써 자신의 행동을 단속하면 도에서 어긋나지 않을 수 있다."

子見南子하신대 子路不說이어늘 夫子矢之曰
자견남자　　　자로불열　　　　부자시지왈
予所否者이면 天厭之天厭之시리라
여소부자　　천염지천염지

공자가 남자를 만나자 자로가 좋아하지 않았다. 이에 공자가 맹세하여 말씀하셨다.
"나에게 잘못이 있다면 하늘이 미워할 것이다. 하늘이 미워할 것이다!"

子曰 中庸之爲德也其至矣乎인저
자왈 중용지위덕야기지의호

民鮮久矣니라
민선구의

공자께서 말씀하셨다.
"중용의 덕은 지극하다. 하지만 중용의 덕을 지닌 백성이 드물어진 지 오래되었다."

子貢曰 如有博施於民而能濟衆한대 何如하리잇고
자공왈 여유박시어민이능제중 하여

可謂仁乎잇가
가위인호

子曰 何事於仁이리오 必也聖乎인저
자왈 하사어인 필야성호

堯舜도 其猶病諸시니라
요순 기유병제

夫仁者는 己欲立而立人하며
부인자 기욕립이립인

己欲達而達人이니라
기욕달이달인
能近取譬면 可謂仁之方也已니라
능근취비   가위인지방야이

자공이 말하였다.
"만약 백성들에게 은혜를 베풀고 많은 사람을 구제할 수 있다면 어떻겠습니까? 인이라 할 수 있겠습니까?"
공자께서 말씀하셨다.
"어찌 인이라고만 하겠느냐? 반드시 성인이라 말하겠다. 요임금과 순임금도 그렇게 하지 못함을 걱정했다. 본래 인이란 자신이 나서고 싶은 자리에 다른 사람부터 나서게 하고, 자신의 뜻을 이루고 싶을 때에는 다른 사람의 뜻부터 이루게 해주는 것이다. 자신이 원하는 것을 미루어 남이 원하는 것을 이해하는 것이 인을 실천하는 방법이라고 할 수 있다."

제7편

述而

술이

子曰 述而不作하며
자왈 술이부작

信而好古를 竊比於我老彭하노라
신이호고   절비어아노팽

공자께서 말씀하셨다.
"옛 성현의 가르침을 전할 뿐 창작을 하지 않으며, 옛것을 믿으며 좋아함을 노팽에 견주고 싶다."

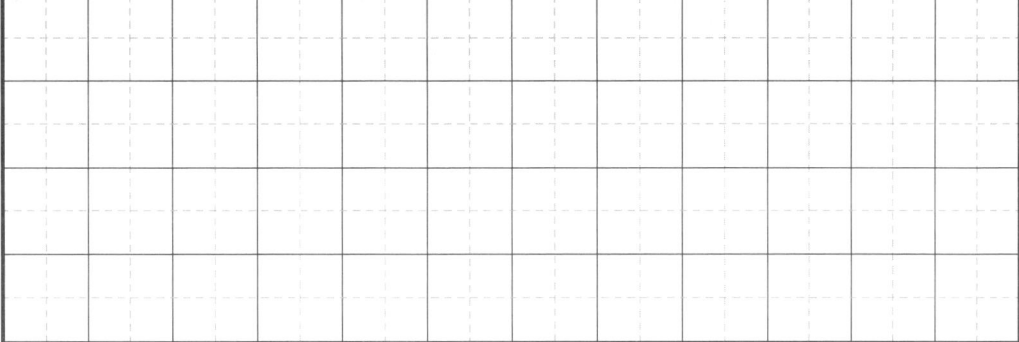

子曰 默而識之하며 學而不厭하며
자왈 묵이지지   학이불염

誨人不倦이 何有於我哉오
회인불권   하유어아재

공자께서 말씀하셨다.
"묵묵히 기억하며, 배움에 싫증을 내지 않으며, 남을 가르치기를 게을리하지 않는 것. 나는 다만 그렇게 할 뿐이다."

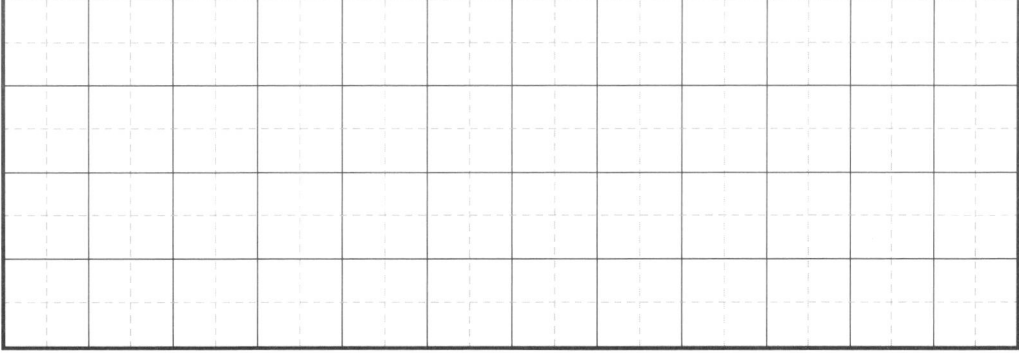

子曰 德之不脩와 學之不講과
자왈 덕지불수   학지불강
聞義不能徙하며
문의불능사
不善不能改이 是吾憂也니라
불선불능개   시오우야

공자께서 말씀하셨다.
"인격을 수양하지 못함과 학문을 익히지 못함과 의를 듣고서 실천에 옮기지 못함과 좋지 않은 것을 고치지 못함이 곧 나의 근심거리다."

子曰 甚矣라 吾衰也여 久矣라
자왈 심의   오쇠야   구의
吾不復夢見周公이로다
오불부몽현주공

공자께서 말씀하셨다.
"심히 노쇠했구나. 내가 꿈속에서 주공을 뵙지 못한 지가 오래되었구나."

子曰 志於道하며 據於德하며
자왈 지어도   거어덕
依於仁하며 遊於藝니라
의어인   유어예

공자께서 말씀하셨다.
"도에 뜻을 두고 덕에 근거하며 인에 의지하고 예에서 노닌다."

子曰 自行束脩以上은 吾未嘗無誨焉이로다
자왈 자행속수이상   오미상무회언

공자께서 말씀하셨다.
"속수 이상의 예를 행한 사람이면 내가 가르치지 않은 적이 없다."

子曰 不憤이어든 不啓하며 不悱어든 不發하되
자왈 불분   불계   불비   불발
擧一隅에 不以三隅反이어든 則不復也니라
거일우   불이삼우반   즉불부야

공자께서 말씀하셨다.
"스스로 배우려는 열의가 없으면 이끌어주지 않고, 표현하려고 애쓰지 않으면 일깨워주지 않으며, 한 가지를 가르쳐주면 나머지 세 가지를 알려고 스스로 노력하지 않으면 다시 가르쳐주지 않는다."

子食於有喪者之側에 未嘗飽也러시다
자식어유상자지측   미상포야

子於是日에 哭則不歌러시다
자어시일 곡즉불가

공자께서는 상주 곁에서 식사를 하실 때, 배부르게 드신 적이 없고 곡을 하신 날에는 노래를 부르지 않으셨다.

子謂顏淵曰 用之則行하고
자위안연왈 용지즉행

舍之則藏은 唯我與爾有是夫인저
사지즉장   유아여이유시부

子路曰 子行三軍이면 則誰與시리잇고
자로왈 자행삼군   즉수여

子曰 暴虎馮河하여
자왈 포호빙하

死而無悔者를 吾不與也니
사이무회자   오불여야

必也臨事而懼하며 好謀而成者也니라
필야임사이구   호모이성자야

공자께서 안연에게 말씀하셨다.
"관직에 등용되면 도를 행하고, 쓰이지 않으면 물러나 은둔하는 일은 오직 나와 너만이 할 수 있다."
자로가 말하였다.
"선생님께서 삼군을 통솔하신다면 누구와 함께 하시겠습니까?"
공자께서 말씀하셨다.
"맨손으로 호랑이를 잡고 걸어서 황하를 건너가다가 죽는 일이 있어도 후회하지 않는 그런 사람과는 함께 하지 않을 것이다. 반드시 조심하고 두려워하는 마음으로 일에 임하며 계획을 세워 일하기를 좋아하여 목표를 성취해내는 사람과 함께하겠다."

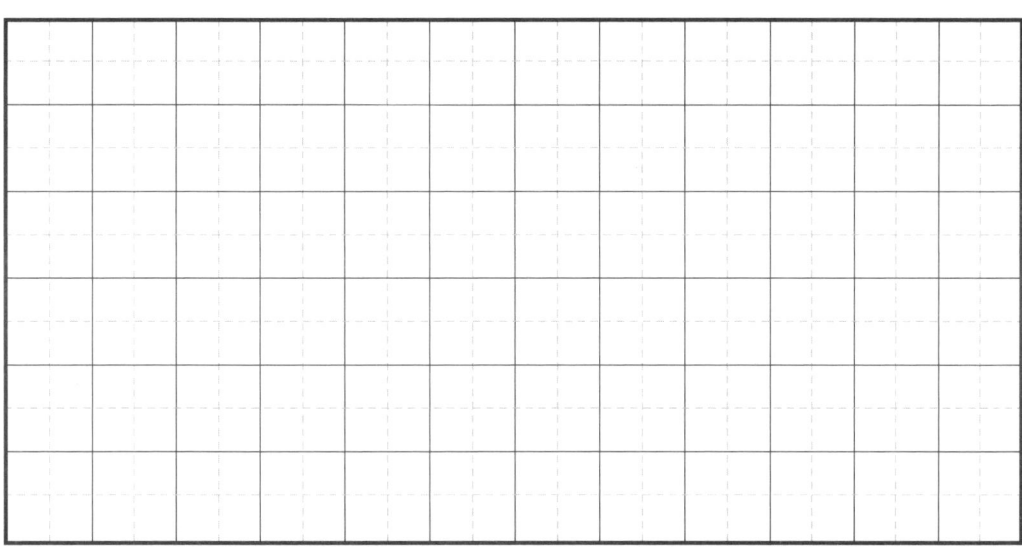

子在齊聞韶하시고 三月不知肉味하사
자 재 제 문 소   삼 월 부 지 육 미
曰 不圖爲樂之至於斯也하라
왈 부 도 위 락 지 지 어 사 야

공자께서 제나라에 계실 때 '소'라는 음악을 들으신 후, 석 달 동안 고기 맛을 잊으시고는 이렇게 말씀하셨다.
"음악이 이런 경지에 이를 수 있으리라고는 미처 생각지 못했다."

冉有曰 夫子爲衛君乎아
염 유 왈 부 자 위 위 군 호
子貢이 曰 諾다 吾將問之하리라
자 공   왈 낙   오 장 문 지
入曰 伯夷叔齊는 何人也잇고
입 왈 백 이 숙 제   하 인 야
曰 古之賢人也니라
왈 고 지 현 인 야
曰 怨乎잇고 曰 求仁而得仁이어니 又何怨이리오
왈 원 호   왈 구 인 이 득 인   우 하 원
出曰 夫子不爲也시리라
출 왈 부 자 불 위 야

염유가 말하였다.
"선생님께서 위나라 임금을 위해 일하시겠습니까?"
자공이 들어가서 물어보았다.
"내가 알아보겠소."
"백이와 숙제는 어떤 사람입니까?"
"옛날의 현인이었다."
"그들은 원망을 했습니까?"
"인을 추구하여 인을 얻었으니 무엇을 원망했겠느냐?"
자공이 나와서 말하였다.
"선생님께서는 위나라 임금을 위해 일하지 않으실 것이오."

子曰 飯疏食飮水하고 曲肱而枕之라도
자왈 반소사음수   곡굉이침지
樂亦在其中矣니
낙역재기중의
不義而富且貴는 於我如浮雲이니라
불의이부차귀   어아여부운

공자께서 말씀하셨다.
"거친 밥을 먹고 물을 마신 뒤에 팔베개를 하고 잠을 자더라도 삶의 즐거움이란 그 중에 있는 법이다. 의롭지 않은 부와 신분이 높아지는 것은 나에게는 뜬구름 같은 것이다."

子曰 加我數年하여 五十以學易이면
자왈 가아수년　　　오십이학역
可以無大過矣리라
가이무대과의

공자께서 말씀하셨다.
"나에게 몇 년의 시간이 주어져 쉰 살에 역을 배운다면 큰 허물이 없을 것이다."

子所雅言은
자소아언
詩書執禮皆雅言也러시다
시서집례개아언야

공자께서 평소에 말씀하시던 것은 『시경』, 『서경』과 예를 지키는 일이었다. 이것들을 늘 말씀하셨다.

葉公問孔子於子路어늘
섭공문공자어자로
子路不對한대 子曰 女奚不曰
자로부대　　　자왈 여해불왈
其爲人也發憤忘食하며
기위인야발분망식
樂以忘憂하여 不知老之將至云爾오
낙이망우　　　부지노지장지운이

섭공이 자로에게 공자에 대해 물었는데, 자로가 대답하지 않았다. 이 말을 듣고 공자께서 말씀하셨다.
"너는 어찌하여 '그 분은 뭔가 의욕적인 일이 생기면 먹는 것도 잊고, 도를 즐기느라 근심을 잊어 늙는 것조차 모른다' 고 말하지 않았느냐?"

子曰 我非生而知之者라 好古하여
자왈 아비생이지지자 호고

敏以求之者也로라
민이구지자야

공자께서 말씀하셨다.
"나는 태어나면서부터 세상의 도리를 알았던 것이 아니라, 옛것을 좋아하여 부지런히 탐구한 사람이다."

子不語怪力亂神이러시다
자불어괴력난신

공자께서는 괴이한 일이나 폭력, 난동, 귀신에 대해서는 말씀하지 않았다.

子曰 三人行에 必有我師焉이니
자왈 삼인행 필유아사언

擇其善者而從之요
택기선자이종지

其不善者而改之니라
기불선자이개지

공자께서 말씀하셨다.
"세 사람이 함께 길을 가면 그 중에 반드시 나의 스승이 있다. 그 가운데 선한 사람을 가려서 따르고, 좋지 않은 점을 거울삼아 고치도록 한다."

子曰 天生德於予시니
자왈 천생덕어여

桓魋其如予何리오
환퇴기여여하

공자께서 말씀하셨다.
"하늘이 덕을 나에게 부여해 주었는데 환퇴가 나를 어찌하겠는가?"

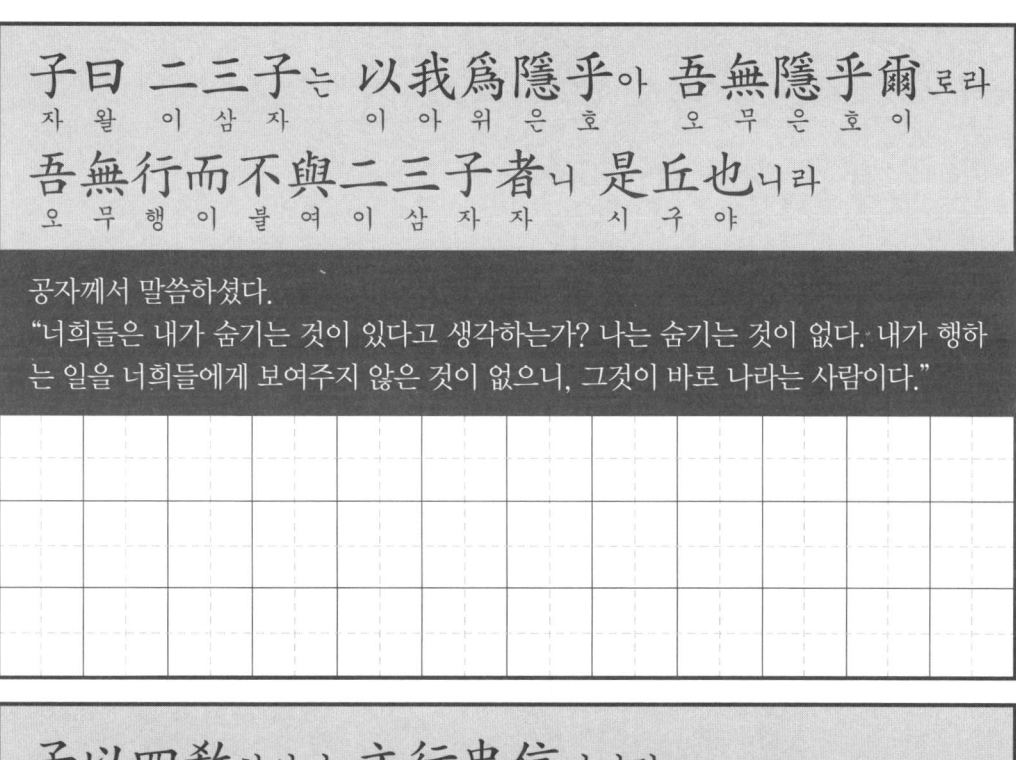

子曰 二三子는 以我爲隱乎아 吾無隱乎爾로라
자왈 이삼자 이아위은호 오무은호이

吾無行而不與二三子者니 是丘也니라
오무행이불여이삼자자 시구야

공자께서 말씀하셨다.
"너희들은 내가 숨기는 것이 있다고 생각하는가? 나는 숨기는 것이 없다. 내가 행하는 일을 너희들에게 보여주지 않은 것이 없으니, 그것이 바로 나라는 사람이다."

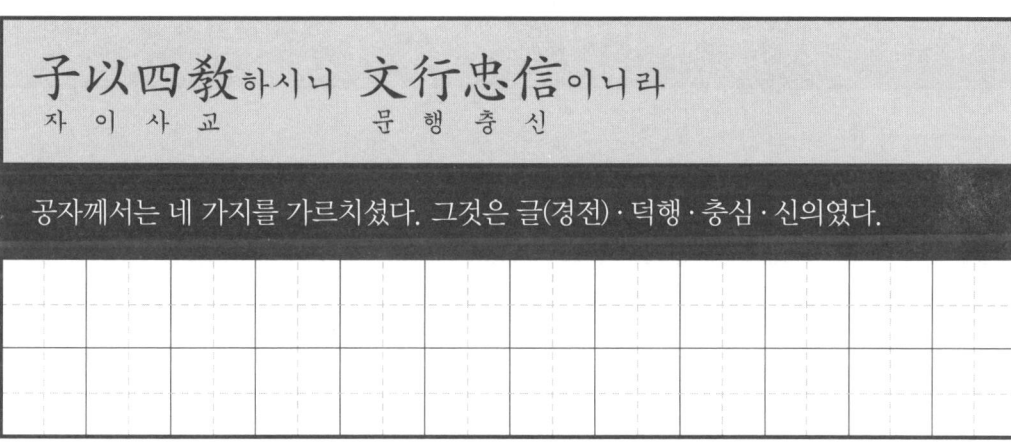

子以四教하시니 文行忠信이니라
자 이 사 교   문 행 충 신

공자께서는 네 가지를 가르치셨다. 그것은 글(경전)·덕행·충심·신의였다.

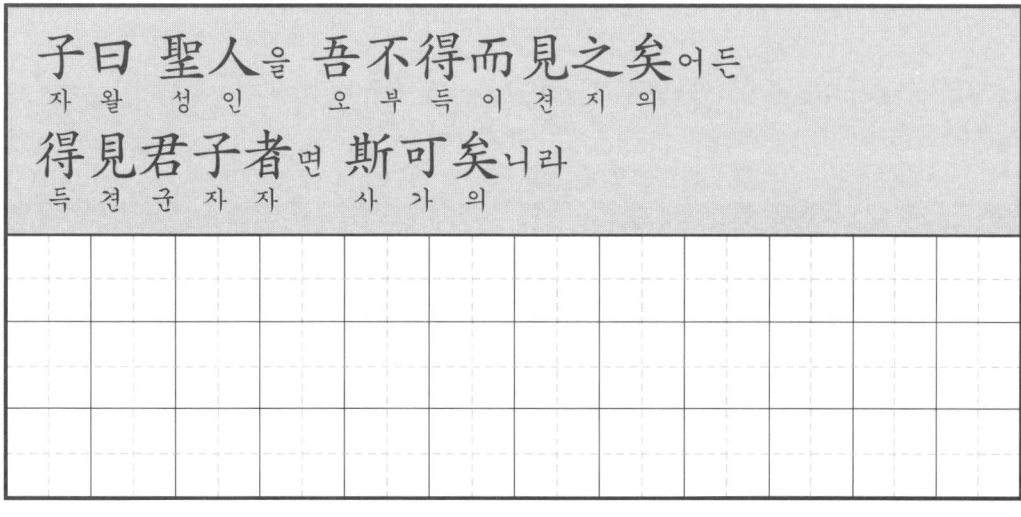

子曰 聖人을 吾不得而見之矣어든
자왈 성인 오부득이견지의

得見君子者면 斯可矣니라
득견군자자 사가의

子曰 善人을 吾不得而見之矣어든
자왈 선인 오부득이견지의

得見有恒者면 斯可矣니라
득견유항자 사가의

亡而爲有하며 虛而爲盈하며
무이위유 허이위영

約而爲泰면 難乎有恒矣니라
약이위태 난호유항의

공자께서 말씀하셨다.
"성인을 내가 만나볼 수 없다면, 군자라도 만나볼 수 있으면 좋겠다."
공자께서 말씀하셨다.
"선한 사람을 만나볼 수 없다면, 한결같은 마음을 지닌 사람이라도 만나볼 수 있으면 좋겠다. 없으면서도 있는 체하고 텅 비었으면서도 가득 찬 체하며, 적으면서도 많은 척하니 한결같은 마음을 지니기란 어려운 것이다."

子는 釣而不綱하시며 弋不射宿이러시다
자 조이불강 익불석숙

공자께서는 낚시질을 하였으나 그물을 쓰지는 않으셨고, 주살로 새를 잡아도 잠자는 새는 쏘지 않으셨다.

子曰 蓋有不知而作之者아 我無是也로라
자왈 개유부지이작지자 아무시야

多聞하여 擇其善者而從之하며
다문 택기선자이종지

多見而識之知之次也니라
다견이지지지지차야

공자께서 말씀하셨다.
"잘 알지도 못하면서 창작하는 사람이 있으나, 나는 이런 일이 없다. 많이 듣고 그 가운데 좋은 것을 택하여 따르며, 많이 보고 그 가운데 옳은 것을 기억해 둔다. 이것은 나면서부터 아는 것에 버금가는 일이다."

互鄕은 難與言이러니 童子見커늘 門人이 惑한대
호향 난여언 동자견 문인 혹

子曰 與其進也요 不與其退也니 唯何甚이리오
자왈 여기진야 불여기퇴야 유하심

人潔己以進이어든 與其潔也요 不保其往也니라
인결기이진 여기결야 불보기왕야

호향 사람들은 더불어 말하기 어려웠는데 그곳 아이가 선생님을 찾아뵙자, 제자들이 당황하였다.
공자께서 말씀하셨다.
"찾아오는 이는 맞아들여야 하고, 가는 이는 막지 말아야 한다. 덮어놓고 심하게 대할 수 있겠느냐? 사람이 자신을 깨끗이 하여 바른 길로 나아가면 그 깨끗함을 받아들이고 지난날의 허물을 묻지 말아야 한다."

子曰 仁遠乎哉아 我欲仁이면 斯仁至矣니라
자왈 인원호재 아욕인 사인지의

공자께서 말씀하셨다.
"인이 멀리 있단 말인가? 내가 인을 실천하고자 하면 인은 곧 다가온다."

陳司敗問 昭公이 知禮乎잇가
진사패문 소공 지례호

孔子曰 知禮시니라
공자왈 지례

孔子退커늘 揖巫馬期而進之曰
공자퇴 읍무마기이진지왈

吾聞君子는 不黨이라 하니 君子亦黨乎아
오문군자 부당 군자역당호

君取於吳하니 爲同姓이라 謂之吳孟子라 하니
군취어오 위동성 위지오맹자

君而知禮면 孰不知禮리오
군이지례 숙부지례

巫馬期以告한대
무마기이고

子曰 丘也幸이로다 苟有過어든 人必知之온여
자왈 구야행 구유과 인필지지

진나라의 사패가 물었다.
"소공은 예를 아는 자입니까?"
공자께서 말씀하셨다.
"예를 알고 계십니다."
공자께선 이 말만 하시고 자리를 뜨셨다. 그 뒤 사패는 무마기에게 인사를 하더니 곁으로 불러 이렇게 말하였다.
"나는 군자는 편을 가르지 않는 걸로 알고 있는데 군자도 편을 가릅니까? 소공은 오씨를 아내로 맞았는데 같은 성이기 때문에 그녀를 오맹자라고 하였습니다. 이런 임금이 예를 아시는 분이라면, 세상에서 예를 모르는 사람은 누가 있겠습니까?"
무마기가 이 말을 전하자 공자께서 말씀하셨다.
"나는 다행하다. 약간의 잘못이 있으면 사람들이 반드시 아는구나."

子與人歌而善이어든 必使反之하시고
자 여 인 가 이 선　　　필 사 반 지
而後和之러시다
이 후 화 지

공자는 남과 같이 노래를 부를 때, 남이 잘 부르면 반드시 그로 하여금 다시 부르게 하고 그 뒤에 화답하였다.

子曰 文莫吾猶人也아
자 왈 문 막 오 유 인 야
躬行君子는 則吾未之有得하라
궁 행 군 자　　즉 오 미 지 유 득

공자께서 말씀하셨다.
"학문에서는 내가 남에게 뒤지지 않으나 군자의 도를 실천함에는 충분한 경지에 이르지 못하였다."

子曰 若聖與仁은 則吾豈敢이리오
자 왈 약 성 여 인　　즉 오 기 감
抑爲之不厭하며
억 위 지 불 염
誨人不倦은 則可謂云爾已矣니라
회 인 불 권　　즉 가 위 운 이 이 의
公西華曰 正唯弟子不能學也로소이다
공 서 화 왈 정 유 제 자 불 능 학 야

공자께서 말씀하셨다.
"성인과 인자라면 내가 어찌 감히 될 수 있겠는가. 하지만 그것의 도리를 배우고 본받는 데 싫증내지 않고, 남을 가르치는 데 게을리 하지 않는다고는 말할 수 있다."
공서화가 말하였다.
"바로 그 점을 저희 제자들은 따르지 못하고 있습니다."

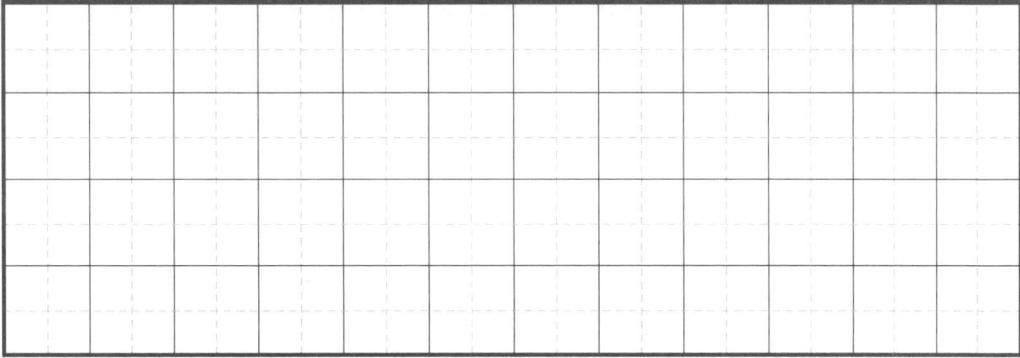

공자께서 심하게 병을 앓자, 자로가 기도를 드리자고 하였다. 이에 공자께서 "그런 일이 있느냐?" 하고 묻자, 자로가 "있습니다. 뇌문에 위로는 천신에게 빌고, 아래로는 지기에게 빈다고 했습니다."라고 말하였다. 그러자 공자께서 말씀하셨다.
"그런 기도라면, 나는 오래 전부터 하고 있었다."

子曰 奢則不孫하고 儉則固니
자왈 사즉불손　　　검즉고
與其不孫也론 寧固니라
여기불손야　　영고

공자께서 말씀하셨다.
"사치스러우면 공손함을 잃게 되고 검소하면 고루하기 쉽다. 공손함을 잃기보다는 차라리 고루한 편이 낫다."

子曰 君子는 坦蕩蕩이요 小人은 長戚戚이니라
자왈 군자　　탄탕탕　　　소인　　장척척

공자께서 말씀하셨다.
"군자는 마음이 평온하여 너그럽지만, 소인은 항상 근심한다."

子는 溫而厲하시며 威而不猛하시며 恭而安이러시다
자　 온이려　　　　위이불맹　　　　공이안

공자께서는 온화하면서도 엄숙하시고 위엄이 있으면서도 사납지 않으시며, 공손하시면서도 편안하셨다.

제8편

泰佰
태백

子曰 泰伯은 其可謂至德也已矣로다
자왈 태백 기가위지덕야이의
三以天下讓하되 民無得而稱焉이온여
삼이천하양 민무득이칭언

공자께서 말씀하셨다.
"태백이야말로 지극히 덕이 높은 분이라 할 수 있다. 세 차례나 천하를 양보했으나 백성들이 그런 일을 알지 못해 칭송할 수 없었다."

子曰 恭而無禮則勞하고 愼而無禮則葸하고
자왈 공이무례즉로 신이무례즉사
勇而無禮則亂하고 直而無禮則絞니라
용이무례즉란 직이무례즉교

君子篤於親則民興於仁하고
군자독어친즉민흥어인

故舊不遺則民不偸니라
고구불유즉민불투

공자께서 말씀하셨다.
"공경스러움에도 예가 없으면 헛수고가 되고, 신중함도 예가 없으면 두려워하는 것이 되며, 용맹함도 예가 없으면 난폭한 것이 되고, 강직함도 예가 없으면 가혹하게 된다. 군자가 친척들에게 후하게 대하면 백성들이 인애의 기풍을 일으키게 되고, 옛 친구를 저버리지 않으면 백성들도 야박해지지 않는다."

曾子有疾하자 召門弟子曰 啓予足하며
증자유질 소문제자왈 계여족

啓予手하라
계여수

詩云 戰戰兢兢如臨深淵하며 如履薄氷이라 하니
시운 전전긍긍여림심연 여리박빙

而今而後에야 吾知免夫와라 小子아
이금이후 오지면부 소자

증자가 병을 앓자, 제자들을 불러 말하였다.
"내 발을 펴 보아라. 내 손을 펴 보아라!『시경』에 '두려워하고 삼가기를 깊은 못 가에 서 있는 듯, 얇은 얼음을 밟듯 하라' 고 했다. 이제부터는 내가 걱정을 면하게 되었구나, 제자들아!"

曾子有疾이어늘 孟敬子問之러니
증자유질　　　맹경자문지

曾子言曰 鳥之將死에 其鳴也哀하고
증자언왈 조지장사　기명야애

人之將死에 其言也善이니라
인지장사　기언야선

君子所貴乎道者三이니
군자소귀호도자삼

動容貌에 斯遠暴慢矣며
동용모　사원포만의

正顔色에 斯近信矣며 出辭氣에 斯遠鄙倍矣니
정안색　사근신의　출사기　사원비배의

籩豆之事則有司存이니라
변두지사즉유사존

증자가 병이 들어 맹경자가 문병을 왔다. 이에 증자가 그에게 말하였다.
"새가 죽으려 할 때는 울음소리가 애처롭고, 사람이 죽으려 할 때는 그의 말이 착합니다. 군자로서 소중히 여기는 것이 세 가지가 있습니다. 용모가 엄숙하면 사나움과 태만함이 멀어지고, 안색을 예에 맞게 하면 신의가 가까워지며, 말을 예에 맞게 하면 저속함과 도리에 어긋나는 일이 멀어집니다. 제사 때 제기를 다루는 일은 전담자에게 맡기면 됩니다."

曾子曰 以能問於不能하며
증자왈 이능문어불능
以多問於寡하며 有若無하며
이다문어과   유약무
實若虛하며 犯而不校를
실약허   범이불교
昔者吾友嘗從事於斯矣러니라
석자오우상종사어사의

증자가 말하였다.
"유능하면서도 유능하지 못한 사람한테 물어보고, 학식이 많은 데도 적은 사람에게 물어보며, 갖고 있으면서도 없는 듯하고, 꽉 차 있으면서도 텅 빈 듯하며, 남이 업신여겨도 따지지 않았으니 옛날에 나의 친구가 이를 실천하며 살았다."

曾子曰 可以託六尺之孤하며
증자왈 가이탁육척지고

可以寄百里之命이오
가이기백리지명

臨大節而不可奪也면
임대절이불가탈야

君子人與아 君子人也니라
군자인여 군자인야

증자가 말하였다.
"신장이 6척인 어린 임금을 맡길 수 있고, 백 리 되는 나라를 맡길 수 있으며, 존망이 달린 위급한 때에도 절개를 굽히지 않는다면 군자라 할 수 있는가? 군자라 할 수 있다."

曾子曰 士不可以不弘毅니 任重而道遠이니라
증자왈 사불가이불홍의 임중이도원

仁以爲己任이니 不亦重乎아
인이위기임 불역중호

死而後已니 不亦遠乎아
사이후이 불역원호

증자가 말하였다.
"선비는 반드시 뜻이 넓고 굳세어야 한다. 그것은 임무는 막중하고 갈 길이 멀기 때문이다. 인의 실천을 자신의 임무로 삼으니 또한 책임이 무겁지 않겠는가? 죽은 뒤에야 이 일이 끝나니 이 또한 멀지 아니한가?"

子曰 興於詩하며 立於禮하며 成於樂이니라
자왈 흥어시   입어례   성어악

공자께서 말씀하셨다.
"시로써 감흥을 불러일으키고, 예로써 행동거지를 바르게 세우고, 음악으로써 인격을 완성시킨다."

子曰 民은 可使由之요 不可使知之니라
자왈 민   가사유지   불가사지지

공자께서 말씀하셨다.
"백성에게 도리를 따르게 할 수는 있지만, 그 깊은 이치를 다 알게 할 수는 없다."

子曰 好勇疾貧이 亂也요
자왈 호용질빈   난야

人而不仁을 疾之已甚이 亂也니라
인이불인   질지이심   난야

공자께서 말씀하셨다.
"용맹스러운 것을 좋아하면서 가난을 싫어하면 난을 일으키고 사람이 어질지 못하다고 해서 그것을 지나치게 미워해도 난을 일으킨다."

子曰 如有周公之才之美라도
자왈 여유주공지재지미
使驕且吝이면 其餘不足觀也니라
사교차린   기여부족관야

공자께서 말씀하셨다.
"만약 주공처럼 훌륭한 재능을 지녔다 하더라도 남에게 교만하거나 인색하면 그 나머지는 볼 것도 없다."

子曰 三年學에 不至於穀은 不易得也니라
자왈 삼년학   부지어곡   불이득야

공자께서 말씀하셨다.
"삼 년을 배우고도 벼슬에 뜻을 두지 않은 사람은 쉽게 얻을 수 없다."

子曰 篤信好學하며 守死善道니라
자왈 독신호학　　　수사선도

危邦不入하고 亂邦不居하며
위방불입　　　난방불거

天下有道則見하고 無道則隱이니라
천하유도즉견　　　무도즉은

邦有道에 貧且賤焉이 恥也며
방유도　빈차천언　치야

邦無道에 富且貴焉이 恥也니라
방무도　부차귀언　치야

공자께서 말씀하셨다.
"신념을 굳건히 하고 배우기를 좋아하며, 죽음으로써 도를 지키고 높여야 한다. 위태로운 나라에는 들어가지 말고, 어지러운 나라에는 살지 말라. 천하에 도가 있으면 벼슬을 하고 도가 없으면 숨어라. 나라에 도가 있는데 가난하고 천한 것은 부끄러운 일이며, 나라에 도가 없는데 부귀를 누린다면 이 또한 부끄러운 일이다."

子曰 不在其位하면 不謀其政이니라
자왈 부재기위　　　불모기정

공자께서 말씀하셨다.
"그 직위에 있지 않으면, 그 정무를 논하지 말라."

子曰 師摯之始에 關雎之亂이 洋洋乎盈耳哉라
자왈 사지지시 관저지란 양양호영이재

공자께서 말씀하셨다.
"악사 지가 초기에 연주한 관저의 종장은 아름다움이 넘쳐 귀에 가득 차는구나."

子曰 狂而不直하며 侗而不愿하며
자왈 광이부직 동이불원

悾悾而不信을 吾不知之矣로라
공공이불신 오부지지의

공자께서 말씀하셨다.
"과격하면서도 곧지 못하고, 아는 것도 없으면서 착실하지 않으며, 무능하면서도 신의마저 없는 사람을 나로서는 어찌해야 좋을지 모르겠다."

子曰 學如不及이요 猶恐失之니라
자왈 학여불급 유공실지

공자께서 말씀하셨다.
"학문은 따라가지 못할 것같이 배우고, 배운 것을 잃어버릴까 두려워하며 소중히 간직해야 한다."

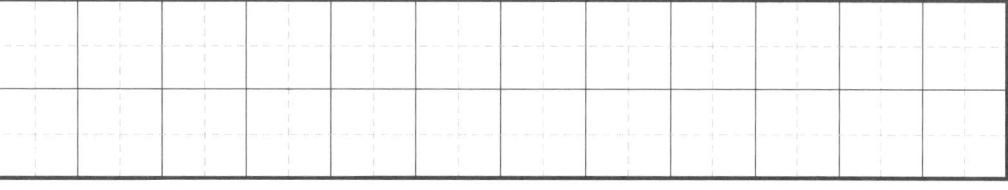

子曰 巍巍乎舜禹之有天下也而不與焉이여
자왈 외외호순우지유천하야이불여언

공자께서 말씀하셨다.
"높고 위대하다. 순임금과 우임금께서는 천하를 가지고서도 관여하지 않으셨도다."

子曰 大哉라 堯之爲君也여
자왈 대재 요지위군야

巍巍乎唯天이 爲大시어늘 唯堯則之하시니
외외호유천 위대 유요즉지

蕩蕩乎民無能名焉이로다
탕탕호민무능명언

巍巍乎其有成功也여 煥乎其有文章이여
외외호기유성공야 환호기유문장

공자께서 말씀하셨다.
"위대하다, 요의 군주됨이여! 높고 크도다, 오직 하늘만이 위대한데 요임금만이 하늘을 본받았으니! 그 덕이 넓고 넓어 백성들이 말로 칭송할 수 없노라! 높고 높은 그의 공적이여! 빛나도다, 그가 이룩한 문화여!"

舜有臣五人而天下治니라
순유신오인이천하치

武王曰 予有亂臣十人호라
무왕왈 여유란신십인

孔子曰 才難이 不其然乎아
공자왈 재난 불기연호

唐虞之際於斯爲盛하니
당우지제어사위성

有婦人焉이라 九人而已니라
유부인언 구인이이

三分天下에 有其二하사 以服事殷하시니
삼분천하 유기이 이복사은

周之德은 其可謂至德也已矣로다
주지덕 기가위지덕야이의

순임금은 신하 다섯 명을 두었는데 천하가 잘 다스려졌다. 무왕이 말하였다.
"나에게는 좋은 신하가 열 명 있도다."
공자께서는 이에 대해 말씀하셨다.
"인재를 얻기가 어렵다고 했는데, 참으로 맞는 말이 아니겠는가? 당후 이후로는 주나라 때가 가장 흥성했는데 그 중 부인이 있었으니, 나머지는 아홉 명뿐이었다. 주나라는 천하의 3분의 2를 가졌으면서도 여전히 은나라를 섬겼으니, 주나라의 덕이야말로 참으로 지극하다고 말할 수 있다."

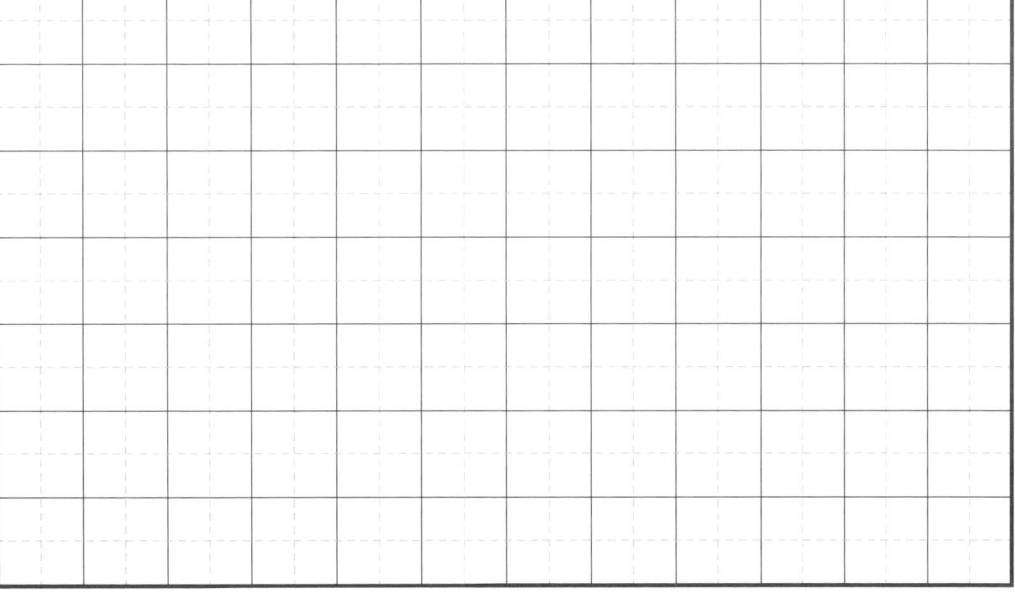

子曰 禹는 吾無間然矣로라
자왈 우 오무간연의

菲飮食而致孝乎鬼神하시며
비음식이치효호귀신

惡依服而致美乎黻冕하시며
악의복이치미호불면

卑宮室而盡力乎溝洫하시니
비궁실이진력호구혁

禹는 吾無間然矣로다
우 오무간연의

공자께서 말씀하셨다.
"우임금에 대해서 나는 흠잡을 수 없다. 거친 음식을 먹었지만 제사를 지낼 때는 정성껏 모셨고, 의복은 검소하나 제사 때의 예복은 정성을 다해 아름답게 꾸몄다. 궁궐은 허름하면서도 백성을 위한 치수사업에는 온 힘을 다했으니 우임금에 대해서 나는 흠잡을 수가 없다."

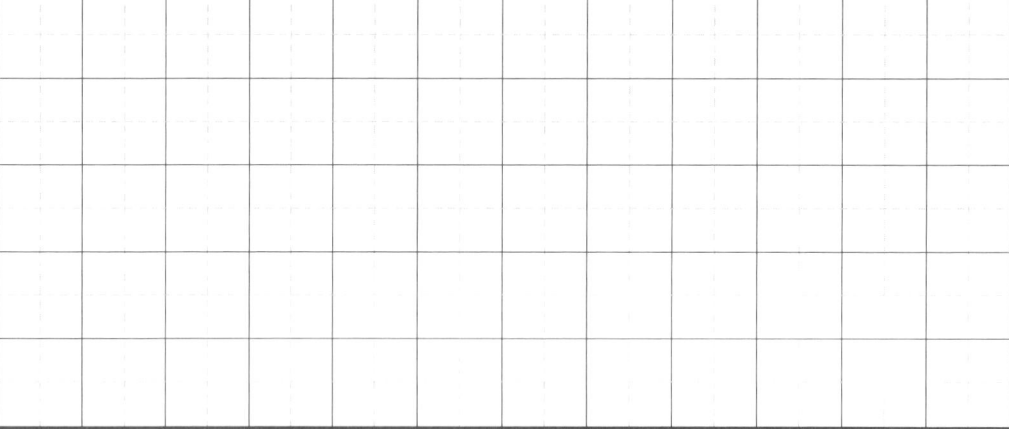

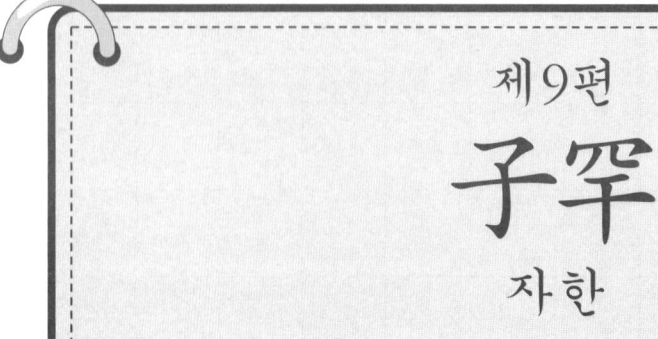

제9편

子罕

자한

子는 罕言利하시며 與命하시며 與仁이러시다
자 한언리 여명 여인

공자께서는 세속적인 이득과 천명과 인에 대해서 말씀하시는 일은 드물었다.

達巷黨人曰 大哉라 孔子여
달항당인왈 대재 공자
博學而無所成名이로다
박학이무소성명
子聞之하시고 謂門弟子曰 吾何執고
자문지 위문제자왈 오하집
執御乎아 執射乎아 吾執御矣로리라
집어호 집사호 오집어의

달항의 마을 사람이 말하였다.
"위대하도다. 공자여! 널리 배웠으나 명성을 이룬 곳은 없구나!"
이 말을 들은 공자께서 제자에게 말씀하셨다.
"내가 무엇을 해야 한단 말인가? 말고삐를 잡을 것인가? 활을 잡을 것인가? 차라리 말고삐를 잡을 것이다."

子曰 麻冕이 禮也어늘
자왈 마면 예야

今也純하니 儉이라 吾從衆하리라
금야순 검 오종중

拜下이 禮也어늘 今拜乎上하니
배하 예야 금배호상

泰也라 雖違衆이나 吾從下하리라
태야 수위중 오종하

공자께서 말씀하셨다.
"삼실로 만든 관을 쓰는 것이 예법에 맞지만 지금은 명주실로 짠 것을 쓰니 검소하구나. 나도 여러 사람의 방식을 따르겠다. 당 아래에서 절하는 것이 예법에 맞지만, 지금은 당 위에서 절을 하니 교만한 짓이다. 비록 여러 사람의 방법과 다르더라도 나는 대청 아래에서 절을 하겠다."

子絶四러시니 毋意하고 毋必하고
자절사 무의 무필

毋固하고 毋我러시다
무고 무아

공자께서는 네 가지를 끊어버리셨다. 억측을 하지 않으셨고, 반드시 하겠다는 게 없었으며, 고집을 부리지 않으셨고, 독단적인 아집이 없었다.

子이 畏於匡이러시니
자 외어광

曰 文王旣沒하시니 文不在茲乎아
왈 문왕기몰 문부재자호

天之將喪斯文也신대
천지장상사문야

後死者不得與於斯文也어니와
후사자부득여어사문야

天之未喪斯文也시니 匡人이 其如予何리오
천지미상사문야 광인 기여여하

공자가 광에서 위태로운 지경에 빠졌을 때 말씀하셨다.
"문왕은 이미 돌아가셨지만, 남긴 문화는 나에게 전해져 있지 않으냐? 하늘이 그의 문화를 없애려고 했다면, 후세 사람들이 그 문화에 관여하지 못했을 것이다. 하늘이 그 문화를 없애려고 하지 않을 것이니, 광의 사람들이 나를 어찌 해치겠느냐?"

大宰問於子貢曰 夫子는
대재문어자공왈 부자

聖者與아 何其多能也오
성자여 하기다능야

子貢曰 固天縱之將聖이고 又多能也시니라
자공왈 고천종지장성   우다능야

子聞之曰 大宰知我乎인저
자문지왈 대재지아호

吾少也賤이라 故多能鄙事하니
오소야천   고다능비사

君子多乎哉아 不多也니라
군자다호재   부다야

牢曰 子云吾不試故로 藝라 하시니라
뢰왈 자운오불시고   예

태재가 자공을 찾아가서 말하였다.
"공선생과 같은 사람은 성인인가? 어찌 할 줄 아는 것이 그리 많으신가?"
자공이 대답하였다.
"하늘이 내린 성인이시고 재능도 많습니다."
이 문답을 들으시고 공자께서 말씀하셨다.
"태재가 나를 잘 아는구나. 젊었을 때엔 비천하여 쓸데없는 일에 능하기는 했지만 군자가 다능해야 하느냐? 아니다. 다능하지 않다."
이에 대해 뢰가 말하였다.
"공자께서 말씀하시기를, '나는 관직을 얻지 못해 여러 가지 재주를 익히게 되었다'라고 하셨다."

子曰 吾有知乎哉아 無知也로다
자왈 오유지호재 무지야

有鄙夫問於我하되 空空如也라도
유비부문어아 공공여야

我叩其兩端而竭焉하노라
아고기양단이갈언

공자께서 말씀하셨다.
"내가 아는 것이 있겠는가? 아는 게 별로 없다. 비천하고 무식한 사람이 나에게 뭔가를 물어오면 질문의 처음과 끝을 살펴서 이치를 이해할 수 있도록 알려주고자 한다."

子曰 鳳鳥不至하며 河不出圖하니
자왈 봉조부지 하불출도

吾已矣夫인저
오이의부

공자께서 말씀하셨다.
"봉황도 오지 않고, 황하에서 하도가 나오지 않으니 내 인생도 이제 끝났구나."

子見齊衰者와 冕衣裳者와 與瞽者하시고
자 견 자 최 자 면 의 상 자   여 고 자

見之에 雖少必作하시며 過之必趨러시다
견 지 수 소 필 작   과 지 필 추

공자께서는 상복을 입은 사람을 보거나, 예복을 갖춰 입은 사람이나 장님을 만나면, 그들이 비록 젊을지라도 반드시 일어나 예를 차리고, 그 앞을 지나갈 때는 반드시 총 총걸음으로 지나가셨다.

顔淵이 喟然歎曰 仰之彌高하며 鑽之彌堅하며
안 연 위 연 탄 왈 앙 지 미 고   찬 지 미 견

瞻之在前이러니 忽焉在後로다
첨 지 재 전   홀 언 재 후

夫子循循然善誘人하사 博我以文하시고
부 자 순 순 연 선 유 인   박 아 이 문

約我以禮하시니라
약 아 이 례

欲罷不能하야 旣竭吾才하니
욕 파 부 능   기 갈 오 재

如有所立이 卓爾라
여 유 소 립 탁 이

雖欲從之나 末由也已로라
수 욕 종 지 말 유 야 이

안연이 감탄하며 말하였다.
"선생님은 우러러볼수록 더욱 높고, 뚫을수록 더욱 굳고 앞에 있는 듯이 보였다가 홀연히 뒤에 있는 것 같기도 하다. 선생님은 차근차근 사람을 잘 이끌어주신다. 학문으로써 나의 식견을 넓혀 주시고, 예로써 나의 언행을 단속해 주신다. 그만두려 해도 그만둘 수 없어 나의 재능을 다해서 좇아 배우고 따라가려 하지만 선생님은 더욱 높은 지표를 내세우시므로 따르고자 하나 따라갈 길이 없다."

子疾病이시어늘 子路使門人으로 爲臣이러니
자 질 병 자 로 사 문 인 위 신

病間曰 久矣哉라 由之行詐也여
병 간 왈 구 의 재 유 지 행 사 야

無臣而爲有臣하니
무 신 이 위 유 신

吾誰欺오 欺天乎아
오 수 기 기 천 호

且予與其死於臣之手也론
차 여 여 기 사 어 신 지 수 야

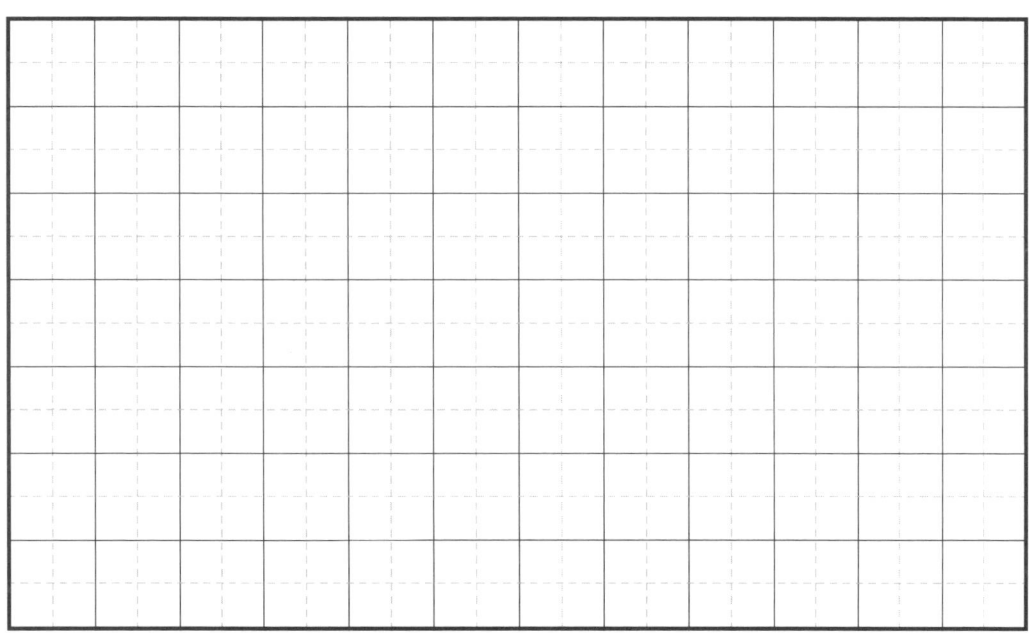

無寧死於二三子之手乎아
무녕사어이삼자지수호
且予縱不得大葬이나 予死於道路乎아
차여종부득대장　　　　여사어도로호

공자가 심하게 병을 앓자, 자로가 문인으로 하여금 공자의 가신이 되게 하고 후에 병이 호전되자 공자께서 말씀하셨다.
"오래도록 자로가 속여 왔구나. 가신 없는 나에게 가신이 있는 것처럼 꾸몄으니, 누구를 속이려는 것이냐? 하늘을 속이자는 것이냐? 또한 나는 가신들 앞에서 죽느니보다는 차라리 그대들 앞에서 죽는 것이 좋을 것이다. 또 내가 비록 성대하게 장례를 치르지 못한다 해도 길에서 죽도록 그대들이 내버려 두겠는가?"

子貢曰 有美玉於斯하니 韞匵而藏諸인고
자공왈 유미옥어사　　　　온독이장저
求善賈而沽諸인고
구선가이고저
子曰 沽之哉라 沽之哉라 我待賈者也로라
자왈 고지재　　고지재　　아대가자야

자공이 물었다.
"여기 아름다운 옥이 있다면, 궤 안에 감춰 두시겠습니까? 혹은 좋은 값을 놓는 사람을 찾아 파시겠습니까?"
공자께서 말씀하셨다.
"팔아야지, 팔아야지! 나는 나의 가치를 알아주는 사람에게 좋은 가격으로 팔리기를 바라는 몸이다."

子欲居九夷러시니 或曰 陋커늘 如之何잇고
자욕거구이   혹왈 루   여지하
子曰 君子居之면 何陋之有리오
자왈 군자거지   하루지유

공자께서 도가 행하여지지 않음을 한탄하시어 구이의 땅에 가서 살고자 하였다. 이에 어떤 사람이 말하였다.
"거기는 누추할 텐데 어찌 지내시려 하십니까?"
공자께서 말씀하셨다.
"군자가 가서 사는데 무슨 누추함이 있겠는가?"

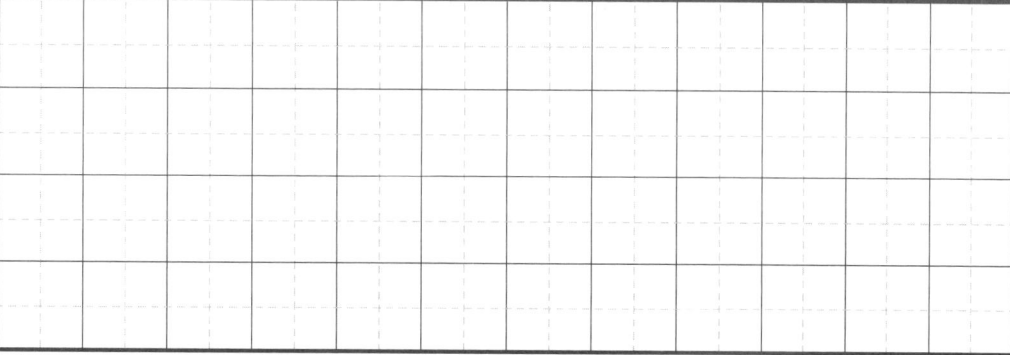

子曰 吾自衛反魯然後에 樂正하야
자왈 오자위반노연후   악정
雅頌이 各得其所하니라
아송   각득기소

공자께서 말씀하셨다.
"내가 위나라에서 노나라로 돌아온 뒤에 음악이 바로잡혔고, 아와 송도 제자리를 얻었다."

子曰 出則事公卿하고 入則事父兄하며
자왈 출즉사공경　　　　입즉사부형
喪事를 不敢不勉하며 不爲酒困이 何有於我哉오
상사　불감불면　　　불위주곤　　하유어아재

공자께서 말씀하셨다.
"나가서는 군주나 제후를 섬기고, 집안에서는 부형을 섬기며, 상례는 정성을 다 기울여 치르며, 술로 인해 문란해지지 않는다. 이런 것들을 행하는데 무슨 어려움이 있겠는가?"

子在川上曰 逝者如斯夫인저 不舍晝夜로다
자재천상왈 서자여사부　　　불사주야

공자께서 냇가에서 말씀하셨다.
"이렇게 흘러가는구나, 밤낮을 가리지 않고 흐르는구나!"

子曰 吾未見好德을 如好色者也하라
자왈 오미견호덕　　여호색자야

공자께서 말씀하셨다.
"나는 아직 덕을 좋아하기를 여색을 좋아하는 것만큼 좋아하는 사람을 보지 못했다."

子曰 譬如爲山에 未成一簣하여 止도 吾止也며
자왈 비여위산 미성일궤 지 오지야
譬如平地에 雖覆一簣나 進도 吾往也니라
비여평지 수복일궤 진 오왕야

공자께서 말씀하셨다.
"산을 만드는 것에 비유하자면 흙 한 삼태기가 모자라는 상황에서 중지했다면 그것은 내가 중지한 것이며 땅을 평탄하게 고르는 데 비유하자면 흙 한 삼태기를 부어도 일에 진전이 있었다면 그것도 내가 한 것이다."

子曰 語之而不惰者는 其回也與인저
자왈 어지이불타자 기회야여

공자께서 말씀하셨다.
"말을 해주면 게을리하지 않는 사람은 안회일 것이다."

子曰 苗而不秀者有矣夫며 秀而不實者有矣夫인저
자왈 묘이불수자유의부 수이불실자유의부

공자께서 말씀하셨다.
"싹은 틔웠으나 꽃을 못 피우는 자도 있고, 꽃은 피웠으나 열매를 맺지 못하는 자도 있다."

子曰 後生可畏니 焉知來者之不如今也리오
자왈 후생가외 언지내자지불여금야

四十五十而無聞焉이면 斯亦不足畏也已니라
사십오십이무문언 사역부족외야이

공자께서 말씀하셨다.
"젊은 후배들은 두려워할 만하니, 앞으로 올 사람들이 지금의 나보다 못하리라는 것을 어찌 알겠는가? 사십, 오십이 되어도 세상에 명성이 들리지 않는다면 두려워할 것이 없다."

子曰 法語之言은 能無從乎아 改之爲貴니라
자왈 법어지언 능무종호 개지위귀

巽與之言은 能無說乎아 繹之爲貴니라
손여지언 능무열호 역지위귀

說而不繹하며 從而不改면
열이불역 종이불개

吾末如之何也已矣니라
오말여지하야이의

공자께서 말씀하셨다.
"바른 말을 따르지 않을 수 있겠는가? 잘못을 고치는 것이 더 중요하다. 부드럽게 타이르는 말을 기뻐하지 않을 수 있겠는가? 잘못의 단서를 지적해 주는 그 참뜻을 찾아내는 것이 더 중요하다. 기뻐하면서도 참뜻을 찾아 행하지 않고, 따르면서도 잘못을 고치지 않는다면, 나도 어찌할 도리가 없다."

子曰 主忠信하며 毋友不如己者요
자왈 주충신   무우불여기자
過則勿憚改니라
과즉물탄개

공자께서 말씀하셨다.
"충성과 신의를 으뜸으로 삼으며, 자기보다 못한 사람을 벗 삼지 말고, 허물이 있으면 고치기를 꺼리지 말아야 한다."

子曰 三軍은 可奪帥也어니와
자왈 삼군   가탈수야
匹夫는 不可奪志也니라
필부   불가탈지야

공자께서 말씀하셨다.
"삼군의 장수는 빼앗을 수는 있지만, 필부의 뜻은 빼앗을 수 없다."

子曰 衣敝縕袍하야 與衣狐貉者로
자왈 의폐온포   여의호학자

立而不恥者는 其由也與인저
입이불치자   기유야여

不忮不求면 何用不臧이리오
불기불구   하용부장

子路終身誦之한대
자로종신송지

子曰 是道也로 何足以臧이리오
자왈 시도야   하족이장

공자께서 말씀하셨다.
"다 떨어진 솜옷을 입고, 여우나 담비 털옷을 입은 사람과 함께 서 있어도 부끄러워하지 않는 사람은 자로일 것이다."
'해치지도 않고 탐내지도 않으니, 어찌 착하지 않겠는가?'
자로가 이 구절을 계속 외우고 다니자, 공자께서 말씀하셨다.
"그러한 도리만으로 어찌 선하다고 할 수 있겠느냐?"

子曰 歲寒然後에 知松栢之後彫也니라
자왈 세한연후   지송백지후조야

공자께서 말씀하셨다.
"날씨가 추워진 뒤에야 소나무와 잣나무가 뒤늦게 시드는 것을 알 수 있다."

子曰 知者不惑하고 仁者不憂하고
자왈 지자불혹   인자불우
勇者不懼니라
용자불구

공자께서 말씀하셨다.
"지혜로운 사람은 미혹하는 일이 없고, 어진 사람은 근심하지 않고, 용기 있는 사람은 두려워하지 않는다."

子曰 可與共學이라도 未可與適道며
자왈 가여공학   미가여적도
可與適道라도 未可與立이며
가여적도   미가여립
可與立이라도 未可與權이니라
가여립   미가여권

공자께서 말씀하셨다.
"함께 공부할 수는 있어도 함께 도에 나아갈 수는 없고, 함께 도에 나아갈 수는 있어도 함께 굳건히 설 수는 없고, 함께 굳건히 설 수는 있어도 함께 권도를 행할 수는 없다."

唐棣之華여 偏其反而로다
당체지화　편기반이

豈不爾思리오마는 室是遠而니라
기불이사　　　　실시원이

子曰 未之思也언정 夫何遠之有리오
자왈 미지사야　　부하원지유

'당체꽃이 바람에 나부끼는데 어찌 그대를 그리워하지 않으리. 그대의 집이 너무 멀리 있구나!'
공자께서 말씀하셨다.
"진정으로 그리워하지 않는 것이지 어찌 거리가 멀어서 그렇겠는가?"

제10편

鄕黨

향당

孔子於鄉黨에 恂恂如也하사 似不能言者러시다
공자어향당　순순여야　　　사불능언자

其在宗廟朝廷에는 便便言하시되 唯謹爾러시다
기재종묘조정　　　변변언　　　유근이

공자께서 향당에 계실 때에는 온순하고 공손하시어, 마치 말을 할 줄 모르는 사람 같았다. 종묘와 조정에 계실 때에는 분명하게 사리를 따져 주장을 펴시되 신중하게 하셨다.

朝에 與下大夫言에는 侃侃如也하시며
조　여하대부언　　　간간여야

與上大夫言에 誾誾如也러시다
여상대부언　　은은여야

君在어시든 踧踖如也하시며 與與如也러시다
군재　　　　축적여야　　　여여여야

조정에서 하대부들과 말할 때는 솔직하게 했고, 상대부와 말할 때는 부드럽고 분명하셨다. 임금이 계실 때는 공경스러우면서도 엄숙하게 했고, 몸가짐과 차림을 예법에 맞게 했다.

君召使擯이어시든 色勃如也하시며 足躩如也러시다
군소사빈　　　　색발여야　　　　족곽여야

揖所與立하사대 左右手러시니
읍소여립　　　　좌우수

衣前後襜如也러시다
의전후첨여야

趨進에 翼如也러시다
추진　익여야

賓退어든 必復命曰賓不顧矣러시다
빈퇴　　　필복명왈빈불고의

임금이 불러 귀빈 접대를 시키면 얼굴을 엄숙히 하시고 걸음을 빨리 하시며 마주 서서 읍할 때는 손을 좌우로 움직였고 옷자락을 앞뒤로 가지런히 하셨다. 빠르게 걸어나갈 때도 날개를 단 듯하고 손님이 물러가면 반드시 "손님은 뒤돌아보지 아니하셨습니다."라고 복명하셨다.

入公門하실새 鞠躬如也하사 如不容이러시다
입공문　　　　국궁여야　　　여불용

立不中門하시며 行不履閾이러시다
입불중문　　　　행불리역

過位하실새 色勃如也하시며 足躩如也하시며
과위　　　색발여야　　　　　족곽여야

其言이 似不足者러시다
기언　　사부족자

攝齊升堂하실새 鞠躬如也하시며 屛氣하사
섭자승당　　　국궁여야　　　　병기

似不息者러시다
사불식자

出降一等하사는 逞顔色하사 怡怡如也하시며
출강일등　　　영안색　　　이이여야

沒階하사는 趨進翼如也하시며 復其位하사는
몰계　　　추진익여야　　　복기위

踧踖如也러시다
축적여야

대궐문에 들어가실 때는 몸을 굽혀 절하는 듯 송구스러운 듯하며 서실 때는 문 중간에 서지 아니하시며 문지방을 밟지 않으셨다. 임금이 서는 자리를 지나갈 때는 안색을 송구스럽게 하여 빠른 걸음으로 지났으며 그 말이 부족한 듯이 보이셨다. 옷자락을 잡고 당에 오를 때 몸을 구부리시며 숨을 죽여 숨도 쉬지 않는 것 같이 하셨다. 나와서 한 층을 내려서서 낯빛을 푸시고 온화하고 기뻐하시며 층계를 다 내려와서는 빠른 걸음으로 나아가기를 날개를 편 듯하시며 제자리로 돌아온 후에는 다시 신중하고 삼가는 듯하였다.

執圭하사대 鞠躬如也하사 如不勝하시며
집 규   국 궁 여 야   여 불 승

上如揖하시고 下如授하시며 勃如戰色하시며
상 여 읍   하 여 수   발 여 전 색

足蹜蹜如有循이러시다
족 축 축 여 유 순

享禮에 有容色하시며 私覿에 愉愉如也러시다
향 례 유 용 색   사 적 유 유 여 야

홀을 잡을 때 몸을 굽혀 이기지 못하는 것 같이 하시고, 올릴 때는 읍하듯 하고 내릴 때는 물건을 주는 것 같이 하시며, 삼엄한 듯 신중한 안색을 하며 걸음은 좁게 자주 떼셨다. 예물을 드릴 때는 얼굴을 온화하게 하시며 사사로 볼 때는 더욱 부드러운 낯빛을 지으시더라.

君子는 不以紺緅로 飾하시며
군 자 불 이 감 추 식

紅紫로 不以爲褻服이러시다
홍 자 불 이 위 설 복

當署하사 袗絺綌을 必表而出之러시다
당 서   진 치 격   필 표 이 출 지

緇衣엔 羔裘요 素衣엔 麑裘요 黃衣엔 狐裘러시다
치의 고구   소의 예구   황의 호구

褻裘는 長호대 短右袂러시다
설구   장   단우몌

必有寢衣하시니 長이 一身有半이러라
필유침의   장   일신유반

군자는 감색과 검붉은 색으로 장식하지 않으며 붉은 빛과 자주 빛으로 평상복을 만들지 아니 하시더라. 더울 때는 가늘고 굵은 갈포 옷을 반드시 껴입고 나가셨다. 검은 옷엔 염소 가죽이요 흰옷엔 사슴가죽이요 누른 옷엔 여우가죽 옷을 입으셨다. 평소에 입는 갖옷은 길게 하되 오른쪽 소매를 짧게 하시더라. 반드시 잠옷을 입으시니 길이가 한 길 반이었다.

狐貉之厚로 以居러시다 去喪하사는
호학지후   이거   거상

無所不佩러시다 非帷裳이어든 必殺之러시다
무소불패   비유상   필쇄지

羔裘玄冠으로 不以弔러시다
고구현관   불이조

吉月에 必朝服而朝러시다
길월   필조복이조

여우와 담비 가죽으로 만든 두꺼운 옷을 입으시며 탈상 뒤에는 패물을 다 하시며 예복이나 제복의 치마가 아니면 반드시 좁게 하시더라. 양의 갖옷과 검은 관을 쓰고 문상하지 않으시고, 초하루에는 반드시 조복을 입고 조회를 하시더라.

齊必有明衣러시니 布러라 齊必變食하시며
제필유명의   포   제필변식

居必遷坐러시다
거필천좌

재계할 때는 반드시 명의를 입었는데 베로 만든 것이었다. 재계할 때는 반드시 음식을 바꾸었고 거처도 반드시 다른 곳에서 하셨다.

食不厭精하시며 膾不厭細러시다
사불염정   회불염세

食饐而餲와 魚餒而肉敗를 不食하시며
사의이애   어뇌이육패   불식

色惡不食하시며 臭惡不食하시며 失飪不食하시며
색악불식   취악불식   실임불식

不時不食어러시다
불시불식

割不正이어든 不食하시며 不得其醬이어든 不食하시다
할부정   불식   부득기장   불식

肉雖多나 不使勝食氣하시며
육수다   불사승사기

唯酒無量하시되 不及亂이러시다
유주무량   불급란

沽酒市脯를 不食하시며 不撤薑食하시며 不多食이러시다
고주시포   불식   불철강식   부다식

곱게 도정한 밥을 싫어하지 아니하시며, 가늘게 쓴 회를 싫어하지 아니하시더라. 쉰밥과 썩은 고기는 먹지 아니하시며 색이 변한 것은 먹지 아니하시며 냄새가 나쁜 것도 먹지 아니하시고 익지 않은 것도 먹지 아니하시고 제철에 맞지 않으면 먹지 아니하시더라. 자른 것이 바르지 않으면 먹지 아니하시며 음식에 맞는 장이 없으면 먹지 않으셨고 고기가 많아도 주식보다 많이 먹지 않으셨다. 주량은 한정이 없었으나 흐트러질 정도에 이르지 않았으며 시중에서 산 술이나 육포는 먹지 않으셨고 생강을 늘 두고 먹었으며 과식하지 아니하시더라.

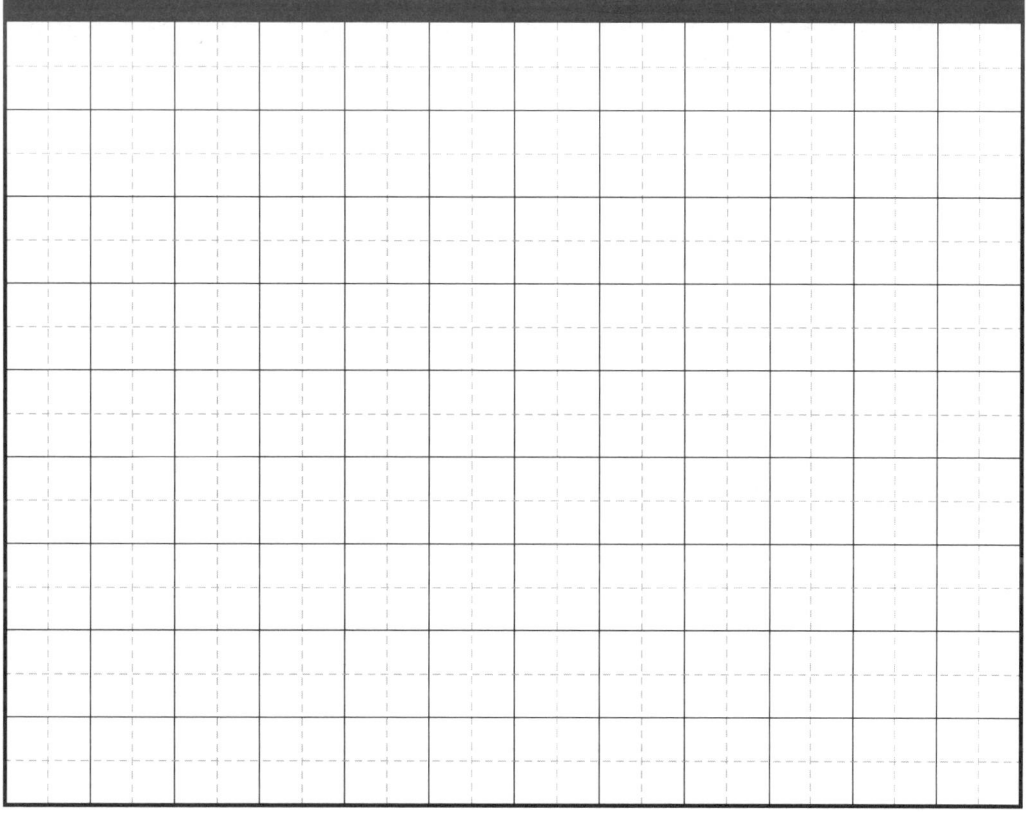

祭於公(제어공)에 不宿肉(불숙육)하시며 祭肉(제육)은 不出三日(불출삼일)하더시니 出三日(출삼일)이면 不食之矣(불식지의)니라

食不語하시며 寢不言이러시다
식불어   침불언

雖疏食菜羹이라도 瓜祭하시되 必齊如也러시다
수소사채갱   과제   필제여야

나라에서 제사 지낸 후 받아 온 고기는 밤을 넘기지 않으며 제사에 쓴 고기는 삼일을 넘기지 않으시고 삼일이 지나면 먹지 않으셨다. 식사하면서 말하지 않으시고 잠자리에서 얘기를 하지 않으셨다. 비록 거친 밥과 나물국이라도 고수레를 지냈으며, 반드시 엄숙하게 하셨다.

席不正이어든 不坐러시다
석부정   부좌

자리가 바르지 아니하시면 앉지 않으셨다.

鄕人飮酒에 杖者出이어든 斯出矣러시다
향인음주   장자출   사출의

鄕人儺에 朝服而立於阼階러시다
향인나   조복이립어조계

마을 사람들과 술을 마실 때에는 지팡이를 짚은 사람이 나간 후에 나가시고 마을 사람들이 굿을 하면 조복을 입고 동쪽 섬돌에 서 계시더라.

問人於他邦하실새 再拜而送之러시다
문인어타방　　　　재배이송지

康子饋藥이어늘 拜而受之曰丘未達이라
강자궤약　　　　배이수지왈구미달

不敢嘗이라 하시다
불감상

다른 나라에 있는 사람에게 안부를 전할 때는 두 번 절을 하고 보내시더라. 계강자가 약을 보내오자 절하고 받으며 말씀하시기를 "이 약에 대해 잘 모르니 감히 먹을 수가 없구나" 하시더라.

廐焚이어늘 子退朝曰傷人乎아 하시고
구분　　　　자퇴조왈상인호

不問馬하시다
불문마

마구간이 불탔을 때 공자는 조정에서 나와 "다친 사람은 없었느냐?" 하시고 말에 대해서는 묻지 않으셨다.

君賜食이어시든 必正席先嘗之하시고 君賜腥이어시든
必熟而薦之하시고 君賜生이어든 必畜之러시다
侍食於君에 君祭어시든 先飯이러시다
疾에 君視之시어든 東首하시고 加朝服拖紳이러시다
君命召어시든 不俟駕行矣러시다

임금이 음식을 내리시면 반드시 바로 앉아 먼저 맛보시고, 임금이 생고기를 내리시면 반드시 익혀서 조상에게 올렸으며, 임금이 산 것을 주시면 반드시 잘 기르셨다. 임금을 모시고 식사를 할 때 임금이 고수레하시면 먼저 맛보셨다. 병이 들어 임금이 문병을 오면 동쪽으로 머리를 두시고 조복을 덥고 띠를 얹으셨다. 임금이 명하여 부르시면 수레가 준비되기를 기다리지 않고 달려가셨다.

入太廟하사 每事問이러시다
입태묘 매사문

태묘에 들어가서는 일마다 물어보고 행하셨다.

朋友死하여 無所歸어든 曰於我殯이라 하시다
붕우사 무소귀 왈어아빈
朋友之饋는 雖車馬라도 非祭肉이어든 不拜러시다
붕우지궤 수거마 비제육 불배

벗이 죽었는데 빈소를 차릴 곳이 없으면 "우리 집에 빈소를 차려라"고 하셨으며 벗이 선물하는 것은 비록 수레를 끄는 말이라도 제사 지낸 고기가 아니면 절하지 않으셨다.

寢不尸하시며 居不容이러시다
침불시 거불용
見齊衰者하시고 雖狎이나 必變하시며
견제최자 수압 필변
見冕者與瞽者하시고 雖褻이나 必以貌러시다
견면자여고자 수설 필이모

凶服者를 式之하시며 式負版者러시다
흉복자 식지 식부판자

有盛饌이어든 必變色而作이러시다
유성찬 필변색이작

迅雷風烈에 必變이러시다
신뢰풍렬 필변

잠을 잘 때 죽은 사람처럼 아니하시며 거하실 때는 용모를 꾸미지 않으시며 상주를 보시면 비록 친한 사이라도 반드시 낯빛을 고치셨다. 면류관을 쓴 사람과 소경을 보면 비록 사사로운 사이라도 반드시 예의를 갖추셨다. 상복을 입은 사람에게 예를 표하시며 나라의 도판을 짊어진 사람에게도 몸을 굽혀 예를 표하셨다. 성찬이 나오면 반드시 낯빛을 바꾸면서 일어나셨고 천둥번개가 치고 바람이 세차면 반드시 낯빛을 고치셨다.

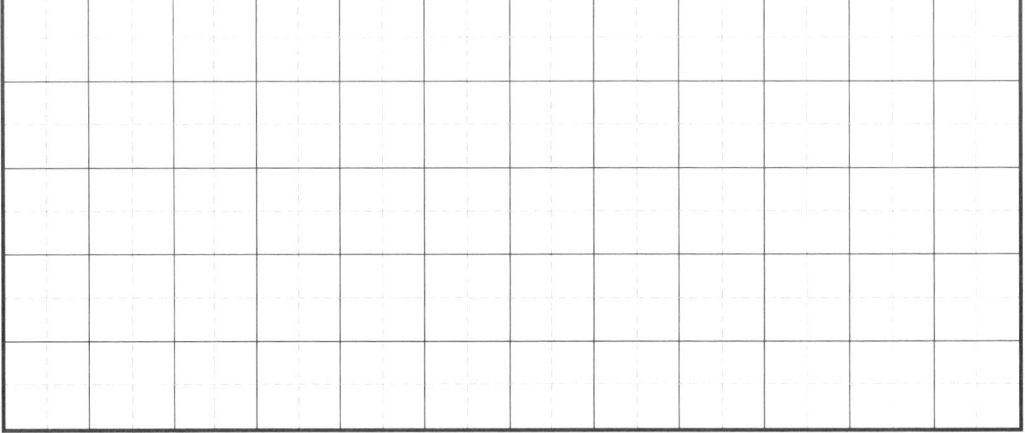

升車하사 必正立執綏러시다 車中에
승거 필정립집수 거중

不内顧하시며 不疾言하시며 不親指러시다
불내고 불질언 불친지

수레에 타서는 반드시 똑바로 서서 고삐를 잡으셨다. 수레 안에서 이리저리 둘러보지 않으셨고, 말을 빠르게 하지 않았으며, 직접 손가락질을 하지 않으셨다.

色斯擧矣하며 翔而後集이니라
색 사 거 의　　　상 이 후 집

曰山梁雌雉가 時哉時哉인저
왈 산 량 자 치　　시 재 시 재

子路共之한대 三嗅而作하시다
자 로 공 지　　　삼 후 이 작

새도 사람의 기를 느끼고 날아올라 빙 돌다가 모여 앉는다. 공자께서 말씀하시기를 "산속 다리 위의 꿩이 때를 만났구나, 때를 만났구나." 자로가 꿩을 잡아 바쳤더니 공자가 세 번 냄새를 맡고는 일어나셨다.